目錄

輯一＋日常

主題一◆生命與儀禮

主題二◆生活與休閒

輯二 ✦ 非常

主題三 ◆ 戰爭與動亂

主題四◆定格與紀念

書系總序

看見臺史博，發現新臺灣

國立臺灣歷史博物館（以下簡稱臺史博）作爲典藏島嶼人民生活經驗與歷史記憶的首要機構，在「大家的博物館」的願景使命與「文化平權、知識平權」的理想信念下，在過去從籌備到開館二十多年來，已經累積了近十五萬件的文物，並舉辦超過一百一十三場的特展。我們的常設展「斯土斯民・臺灣的故事」也在閉館十五個月後，於二〇二一年一月八日正式推出「交會之島」的更新展。「如何讓臺史博豐富的文物、紮實的研究、精彩的展示，以及各種實體和線上的學習資源更即時、更有效與更有趣地被更多人看見、欣賞及利用，進而展現具有臺史博特色及代表性的品牌形象？」正是全體館員同仁們共同思索和努力的目標。

「看得見的臺灣史」書系是本館同仁們回應上述課題的首度嘗試，大家結合了館藏文物研究、跨領域共筆及史普書寫的多重途徑，來面對大眾讀者的閱讀需求和品味。全書系規劃爲「空間、時間、人間」三部曲形式，每本作品選擇三十件代表性文物進行介紹敘事，並由各篇主編撰寫導讀。作者群除館內同仁，亦邀請相關領域學者專家參與，希望能達成「好看、好讀、好珍藏」的目標。

本書系首先推出的第一冊「空間篇」，以館藏地圖資料爲主要文物類型，各篇作品的編排兼顧通史時序及特色專題。第二冊「時間篇」從生活與文化入手，討論傳統歲時節慶、現代性時間觀、朝代政治更迭、以及集體與個人的時間記憶等專題。「人間篇」則呈現臺灣複雜的移民歷史與殖民經驗，從多元族群觀與社會生活史的視角來述說島嶼人群的動人故事。

整體而言，「看得見的臺灣史」書系是本館藏品研究與轉譯應用的集體努力，更是同仁們推動博物館歷史學的重要成果。作者群們從文物的生命史著眼，討論物件的歷史價值、物件轉換流通的過程、物件的材質特性、乃至於物件作爲博物館與社會連結的功能與意涵等多元面向。此一物件導向的規劃（object-oriented programming）目的，在於指出博物館歷史學不同於傳統文獻實證史學的特質，從而凸顯在博物館作歷史（doing history in the museums）所具有的公共性格、社會脈絡與時代精神。

面對當代博物館思潮、後疫情社會以及國際地緣政治的多重變局，臺史博將以新思維、新團隊與新行動，讓世界看見臺史博，發現新臺灣。

國立臺灣歷史博物館館長

導讀一

時在精彩：三十件文物裡的日常與非常

國立臺灣歷史博物館研究組副研究員　陳怡宏

博物館內的臺灣史文物研究

臺史博自籌備處以來就積極透過捐贈或購藏等方式蒐集各類臺灣歷史、民俗文化相關文物，至今已累積近十五萬件，並透過常設展與特展等展示，以及藏品圖錄，如《珍藏臺灣：國立臺灣歷史博物館館藏選要圖錄》、《看見臺灣歷史：國立臺灣歷史博物館館藏綜覽圖錄》等書，向社會大眾簡介各類館藏文物。此外，臺史博也建置「典藏網」，透過文物編目及數位化公開等方式提供社會大眾使用。

相較於文物圖錄及展覽形式的公開方式，《看得見的臺灣史》系列叢書則聚焦館藏文物，分別透過「空間」、「時間」以及「人間」的不同角度，向社會大眾分享屬於臺灣人及其文物背後的故事，「物的社會生命史」是本系列叢書側重的面向。叢書的首部曲空間篇是以臺史博館藏三十幅地圖出發，由十一位館員共筆研究，透過這些地圖娓娓道出關於臺灣這塊土地與人們的故事。

《看得見的臺灣史・時間篇》（以下稱本書）同樣是以館員爲主要作者群，從三十件館藏文物出發，結合歷史學與文物科學檢測分析，由日常與非常的時間，分享這些文物背後各種有溫度的故事。內容安排上，除介紹該文物的背景之外，也帶出文物與時間及其背後的故事意義，接著有「文物放大鏡」專欄，針對文物的細節，以及博物館運用科學儀器發現的有趣細節，進行深入介紹。

日常的時間

近代重要的歷史學派法國年鑑學派史家重視時間與歷史研究的關係，馬克・布洛赫（Marc Bloch）稱歷史學是關於「時間中的人」的科學，而費爾南・布勞岱爾（Fernand Braudel）則提出歷史學多元時間論，認爲歷史應該區分爲三種時間，分別是長時段（自然、地理、文化時間，以百年甚至千年計量）、中時段（態勢時間、包含經濟—政治面向的廣義社會時間，以十年或數十年計量）跟短時段（事件的時間，諸如政治事件發生的快速時間）。

「時間」是一個相當抽象的課題，本書編輯之際，作者與主編對於臺灣的「時間」議題如何呈現與理解，都感到有相當的寫作難度。在作者團隊共筆過程中，編輯群根據作者群初稿，規劃以文物中的日常與非常的時間分類方式編輯本書，此種分類在某種程度上，與布勞岱爾的時間論有相互發明之處，但與布勞岱爾貶抑人類能動性，及貶抑微觀人類行爲如事件的重要性不同，本書仍相當重視人類的能動性，如日常時間約略相當於長時段與中時段，至於非日常時間則約略可歸類爲短時段，以下先介紹本書日常的時間中的文章。

日常時間又分爲「生命與儀禮」及「生活與休閒」兩部分。「生命與儀禮」此一主題，首先以「一九一六年黃煌輝的北港進香旗」，介紹臺灣人民的媽祖進香信仰。此外，透過「安平顏家的出嫁帳單」、「淸同治年間臺郡節孝局關係呈報文件」等描述淸代臺灣女性的出嫁與節孝等事蹟的文獻，可以看見婚姻嫁娶、節孝呈報都與其家族背景有著相當關係。「木刻更衣印版」、「鳳山鄭家的墓碑」，描繪出臺灣漢人對於死後的想像，以及對於後代子孫的庇佑。「潘再賜編錄埔里愛蘭潘家世系圖表」則代表著平埔原住民與漢人接觸後，族人改以族譜形式記載先人故事，記載了每個族人的生命與時代足跡。「黃陳梅麗的助產工作簿」則有著雙重意義，同時代表近代臺灣女性如何透過被國家介入管理的新式產婆（戰後稱助產士）職業，而得以開展屬於自己的事業，成爲時代摩登女性，此正好與前述淸代女性的境遇成爲對照。「生命與儀禮」主題，透過圍繞臺灣人的宗教信仰、生、老死等文物，述說著臺灣人的文化時間故事。

「生活與休閒」時間主題，則呈現臺灣社會中長時段的各種「風景」。如「玉山衛生紙」、「寄藥包」、「腳踏車」及「牛鈴」，透過戰後初期常見的生活用品、交通工具及耕牛器具，述說著日本時代到戰後常見，但如今卻已不見，或已轉換功能的風景與聲景，這些風景的故事召喚著數個世代的時間記憶。「朱漆雕花鑲大理石床板八腳紅眠床」，則是透過紅眠床家具象徵著家族的居家生活記憶。「陸季盈一九四〇、一九四六年日記」、「國民學校國語讀本暫用本初級首冊」以語言作爲時間線索。經歷過戰前與戰後兩個語言政策的世代，我們透過教科書可以發現不同時代的「國語」政策及其影響。陸季盈日記的戰前日文日記及戰後日文書信，代表著戰前的時間，書寫日語世代臺灣人的故事，戰後的中文日記則代表著戰後的時間，書寫戰後臺灣人中國化的故事。《王子》半月刊創刊號探討編輯與作者試圖縮短兒童刊物的出版週期，將「時間」作爲武器，以增加更多商機，並同時與當時政府的政策迂迴對抗。

非日常的時間

相較於日常的時間屬於「中、長時段」，非日常的時間則屬於「短時段」。本書將之區分爲「戰爭與動亂」以及「定格與紀念」兩個主題。「戰爭與動亂」敍述清代到戰後文物中的戰爭動亂故事。「同治二年剿戴林二逆之亂五品軍功頂戴功牌」是戴潮春事件中，官方爲了拉攏地方人士支持平亂而事先發給的功牌，其發給的時間點也恰巧見證了戰事轉折關鍵點。《征臺軍凱旋紀念帖》中，日方的從軍攝影師精心編排當時的新興媒材「照片」，顯示出一幅幅戰勝者的時間。「手搖警報器」分析戰前及戰後初期常見的空襲警報器，說明聲音特質及對於聲景的歷史想像。「皮質行李箱」描述著二戰結束後，滯留海南島的臺籍從軍人員如何歷經千辛萬苦重返故鄉的故事。相較於重返故鄉的臺灣人，「大陳地區來臺義胞接待證」則述說著由於國共內戰而被迫撤退來臺的大陳人，他們如何被政府安排及定義的故事。

由於臺灣本島及金馬離島的戒嚴與冷戰的長期化，人民如何度過的故事則凸顯了「戰時體制」常態化的荒謬性：「戒嚴通行臂章」述說著戒嚴下的港口與都會日常的故事；「馬祖戰地洗蝦皮照片」則代表戰地前線爲因應戰地政務，漁民的作業節奏如何被限制；「金門砲宣彈彈殼」見證金門前線在八二三砲戰從熱戰轉變爲心戰，甚至成爲金門特產「金門菜刀」的故事。

「定格與紀念」主題聚焦於臺灣史上的重要事件，或是值得紀念的時刻。「清代臺灣原住民圖繪」是外來觀察者摻雜虛構與想像的產物，外人對於原住民的觀察，看起來像是被定格在同一個時間斷代，反映著同一個時間觀，宛如一群生活在被清朝統治者設定好的一格格的櫥窗裡被展示的所謂「番人」。《倫敦新聞畫報》中的〈速寫福爾摩沙〉，速寫十九世紀末葉英國人遊歷南臺灣屏東萬金的「悠閒旅遊時光」。「臺北州立臺北第三高等女學校御卒業記念帳」展現日本時代受近代教育的臺灣女性畢業時的心境，同時也代表著少女時代結束的紀念。

同樣是一九三五年出版，臺灣總督府發行的「始政第四十回記念繪葉書」及臺灣新聞社編的《臺灣大震災記念畫報》，代表著殖民時期臺灣的官方與在臺日人的觀點。但這最後一回的官方繪葉書發行，卻也有著日籍畫家試圖開展具在地文化素養的臺灣美術主題企圖。

本書最後結尾的兩篇文章，分別是「一九八六黨外選舉後援會工作人員證」與二〇一四年三一八公民運動的見證物「太陽堂太陽餅海報」，分別標誌著臺灣從威權統治到解嚴前後組黨的民主化歷程，以及二十一世紀臺灣公民運動的紀念時刻。其中，關於當代文物「太陽堂太陽餅」，臺史博文物保存專業人員如何盡其所能運用博物館專業技術，試圖保存文物當時的狀況，使其能持續訴說三一八公民運動的故事，此件文物正好也與本系列的「空間篇」最後一篇文章〈三一八公民運動的手繪立法院周邊地圖〉相互呼應。

未完待續的文物故事，由你／妳來寫

本書收錄的三十件文物，容或不是最精美或最能代表「時間」議題的臺灣歷史文物，但是透過這些文物呈現的日常與非常時間，我們可以窺見一篇篇「時在／實在」精采的臺灣史文章。

本書收錄的文物，包含原住民、漢人、西洋人、日本人、戰後外省移民的生命故事。其中，「捐贈文物研究」與「文物檢測」工作則是交織著博物館員、捐贈者及文物間的深度對話。時間斷限僅從清代以至當代，仍留有缺許遺憾，例如缺乏荷西時期與鄭氏時期的文物故事，這也代表著即便是臺灣有文字記載的歷史僅有四百年，然而以「時間」與「文物」兩項標準的交集而言，仍有尚待補述的第三十一件、第三十二件……文物，這些故事除了還散落在臺史博的近十五萬件文物中，也可能就在各位讀者的家中，等待著你我的細心挖掘。

延伸閱讀

・馬克・布洛赫（Marc Bloch）著，張和聲譯，《歷史學家的技藝》。臺北：五南出版股份有限公司，二〇一九。
・唐晉濱，〈布勞岱爾：年鑑學派繼承者　長時段的總體歷史〉，收於《香港01》，二〇二二年十二月四日瀏覽，https://www.hk01.com/article/514560，二〇二〇。

導讀二

物與人：承載記憶，以時間為度

國立臺灣大學歷史學系副教授　顏杏如

計數．感知「時間」

時間，難以看見、摸到、聽見，然而在人類歷史中，自遠古以來便透過對自然、日月星辰的觀察捕捉時間，運用日晷、刻漏、線香、鐘錶等工具觀測天體運行、計數時刻。在日常生活中，我們以身體感受時間之流的快慢長短，有工作與休息的週期，亦有日升月落、四季遞嬗的循環輪替。若說到生命進程，則存在著生老病死的生物性週期，人們也透過儀禮來標示成年、畢業、婚嫁等生命階段的各個節點。

這些多樣的時間，可以分爲透過工具測量的「物理性的時間」，以及因個人主觀體驗的「感知的時間」。然而，「物理性的時間」與「感知的時間」往往無法輕易分隔，因爲在測量中有著行爲主體的觀察；在感知、體驗時間之際，存在著主體與客體之間的相互關係。對於看不見、摸不到的「時間」，我們總是透過各種「物」感知它的存在。而博物館的文物，既透露了各式時間的計數與尺度，也訴說了人們如何感受、體驗時間。

物的「時間性」

這本書收錄了三十件典藏於臺史博的文物，藏品的年代從十八世紀中葉到二十一世紀初，透過博物館研究員的書寫，訴說了文物的時間身世。

物本身的生產與製作，標誌了特定的時間點及其所存在的時空。這三十件文物，座落於不同的時空，訴說從清代到日本殖民統治，乃至國民政府遷臺迄今，政治事件的發生與掌權者的轉換；朝代更迭下的民眾經驗，也描繪社會結構、文化習慣的延續與變遷。正如本書主編陳怡宏引用布勞岱爾所區分的三種時間，勾勒出文物中所見的中、長時段臺灣社會中的各種風景，以及短時段的戰爭動亂、重要事件的瞬間與紀念時刻。

若我們重新打亂這些時序與排序，換個角度思考這些文物的性質，還可以發現多層次的「時間」存在。文物，作爲一種物質，因其生產製作的時空背景、用途（官方文件、日常用品）、表現的形式（文字紀錄、圖像宣傳）等等，而具有不同的「時間性」。

日記以「日」爲單位，記下個人的所思所想、經歷見聞與日常瑣事。雜誌依時效性，有月刊、半月刊、週刊等發行的週期。木刻更衣印版、墓碑，除了其上的文字與紀元等時間單位之外，更劃分了死與生，彼世與現世。

若從生物性的時間推演，族譜是家族繁衍與世代綿延的表徵；出嫁帳單是生命進程中作爲儀禮的物件；節孝表彰，則以個人的生命作爲時間的尺度。相對於民間的、私人的文物，同治二年功牌、《臺灣大震災紀念畫報》、戒嚴通行臂章等物件上記有年號，印刻的是官方的時間。

圖繪、照片，是時間的定格，抓住剎那的瞬間。《征臺軍凱旋紀念帖》、始政紀念繪葉書、畢業紀念冊等等，同樣凝結了某一瞬時片刻，並賦予特定意義，作爲統治或生命階段的里程碑。彈殼、警報器上雖然沒有文字，卻無疑是事件與動亂時刻的印記，也是戰線前方、特定世代的烽火記憶。

不同性質的文物，呈顯出「時間」的不同尺度與層次，大至一個時代，小至年、月、週、日、片刻、瞬間；也有著生物週期的時間，作爲集合體的世代，涵蓋了時間的多樣性與多重性。

時間，不只是尺度

時間，不只是尺度，也連結了人與自然，人與社會之間的相互關係。因爲人群、地域、社會階層、職業、文化的不同，隨之產生相異的時間體驗和感受。

衛生紙、牛鈴、腳踏車、寄藥包等，是「日常」生活物品，也是特定時空下生產技術的呈現。其中，寄藥包依月巡訪，對偏遠地區而言有著週期性的規律。一些物件，也反映了都市

／鄉村的生活節奏，顯示了社會文化活動的痕跡。「黃陳梅麗的助產工作簿」見證的是橫跨一九四〇年代到一九八〇年代新女性的工作記錄，若與主題二「生活與休閒」中所介紹的文物一起思考，儘管物件的性質各有差異，卻一同折射出不同性別、地域，不同社會階層勞動者的作息與生活樣態。

一個的文化群體往往擁有自身獨特時間系統和時間觀。依循陰曆的神佛慶典、祖先祭祀、中元普渡，是傳統漢人社會的習俗，也是年中行事的一環。每年陰曆三月媽祖誕辰，是臺灣社會集體熱衷於遶境、進香的時節；祭祀、普渡時焚燒的「更衣」，是生者寄予相隔於彼世死者的牽掛，卻反映了現世製作者的時間觀。年中行事也意味在一年之中特定的時間點上進行某件事，在線性時間的行進中有著循環、反覆的規律。

節日、慶典，在生活的行進中標示特定的符號，顯示社會中重視的文化意涵，共同紀念過去發生的某件事，可以說是一種集體意識或記憶。不過，相對於發自民眾、信仰力量的共同體時間，「始政紀念日」則是官方由上而下推動的「紀念的時間」——爲紀念「始政」而發行的繪葉書，形構臺灣在日本統治下的形象，在時間軸上呈現過去與現在的對照，「限時限量」激發收藏的慾望，也創造共同體的記憶。在這個意義上，年中行事、節日，約束共同體的行爲，形塑社會秩序與規範，同時也是社會文化建構的產物。

在「時」與「時」之間

時間，是在事件的接續中定位的符號。不同年代的物件，定位了時間之流的位置，有時也連結了時空與時空之間的轉換。「木刻更衣印版」反映了工業化之前傳統印刷物的雕刻印製方式，對照的是當今機器大量、均一化的生產製造。牛鈴清脆的聲響，是農忙農閒時農村的聲景，然而隨著農業機械化的開展，消失在低沉機械聲中。日治時代出現的腳踏車，象徵了工業革命後追求速度時代的開端，但直到一九六〇年代，也是臺灣農業社會中的生財工具。這三者都訴說了從農業社會邁入工業社會過渡時期的時代變遷，也交織了生產節奏迥異的「工業時間」與「農業時間」。

物品，乘載著使用者的記憶，而記憶中有著改朝換代的顛沛流離，以及新環境的適應與生活作息的轉變。「皮質行李箱」打包的是戰前的從軍、戰後的逃難與歸來。「陸季盈日記」與「國民學校國語讀本」中使用的語言，象徵了掌權者的更迭，也帶出語言使用者、受教育者在時代轉換中的身體記憶。「馬祖戰地洗蝦皮照片」在定格、抓住一瞬間的同時，也訴說了時代流轉中生活節奏的變化——原本依潮汐起落出海捕魚的生活節奏，在戰地政務時期必須轉而依照國軍所規定的時間。人為的國家力量左右民眾的生活秩序與節奏，也表現在「戒嚴通行臂章」上——港口與都市分別推行了夜間宵禁，冬令時節為了維持治安，執行「冬防」的特殊勤務。這些文物，刻畫了制約民眾生活節奏的國家力量，也映照出人類最本能，依循自然循環展開的作息與營生——白晝、黑夜，日升月落，潮汐變化。

在這本書的輯一「日常」中，主題一「生命與儀禮」和個人生命歷程的不同階段緊密結合，而主題二「生活與休閒」則點描了社會生活的節奏與步調。在輯二「非常」中，主題三的「戰爭與動亂」是打亂時間之流的特殊時段；而主題四的「定格與紀念」則是停格的、關鍵的時刻。不過，讀者不妨也在閱讀中嘗試從不同角度出發，或許「日常」與「非常」的界線並不總是固定不變，有時難以劃分，有時交錯流動。例如，每年三月媽祖誕辰的進香、遶境，從社會整體的、長時段的時間來看，是一種「日常」，然而從民衆每日的例行生活來看，慶典的熱鬧喧騰，是一種不同於平凡生活的「非常」。又如「手搖警報器」發出的「空襲警報」，是歷經烽火者的聲景，「戒嚴通行臂章」是戒嚴時期的通行證，兩者都是戰爭與動亂等「非常時期」下的證物，然而卻也在戰時／戒嚴體制的持續下成爲民衆生活中的「日常」。重新思考人與物、物與物之間的關係，或許你也會驚奇於文物中多樣的時間尺度與層次，以及彼此之間相互連結、牽動的樣貌，甚至進而發現你自身周遭各種物的時間身世。

現在與過去的對話

當物得以留存至今，意味了它並未消失在某一個過去的時間點，而是「穿越」、「走過」了時間長廊，來到「現在」的我們面前。

在這些文物成爲臺史博的典藏之際，歷經了研究員、捐贈者發現它，訴說其身世的歷程。透過與「物」的深情對話，圍繞著物的「過去」——多樣層次、性質的時間浮現，物所繫的時空記憶、經驗也得以再現。一如透過墓碑與族譜，重新認識家族故事，嘗試拼湊生命的足跡與生活的輪廓；一卷衛生紙的追溯，連結在地中小企業的發展，與外資企業競爭下的起落興衰；太陽餅海報、黨外工作人員證件，保存了社會運動的記憶。銘刻在文物上的諸多線索，串起的是臺灣社會在時代變遷中的人群經驗、集體記憶與生命故事。在這個意義上，物的「時間性」並不止於「過去」，也是「現在」與「過去」的對話；在記憶承繼的延長線上，也連結我們的「未來」。

延伸閱讀

- 諾伯特・愛里亞斯著，李中文譯，《論時間》。新北：群學，二〇一三。
- 黃應貴，〈導論：時間、歷史與記憶〉，收於氏主編，《時間、歷史與記憶》。臺北：中央研究院民族所，一九九九，頁一—二十九。

同益號特製

輯一

日常

主題一

生命與儀禮

· 一九一六年黃煌輝的北港進香旗 ·

· 安平顏家的出嫁帳單 ·

· 清同治年間臺郡節孝局關係呈報文件 ·

· 木刻更衣印版 ·

· 鳳山鄭家的墓碑 ·

· 潘再賜編錄埔里愛蘭潘家世系圖表 ·

· 黃陳梅麗的助產工作簿 ·

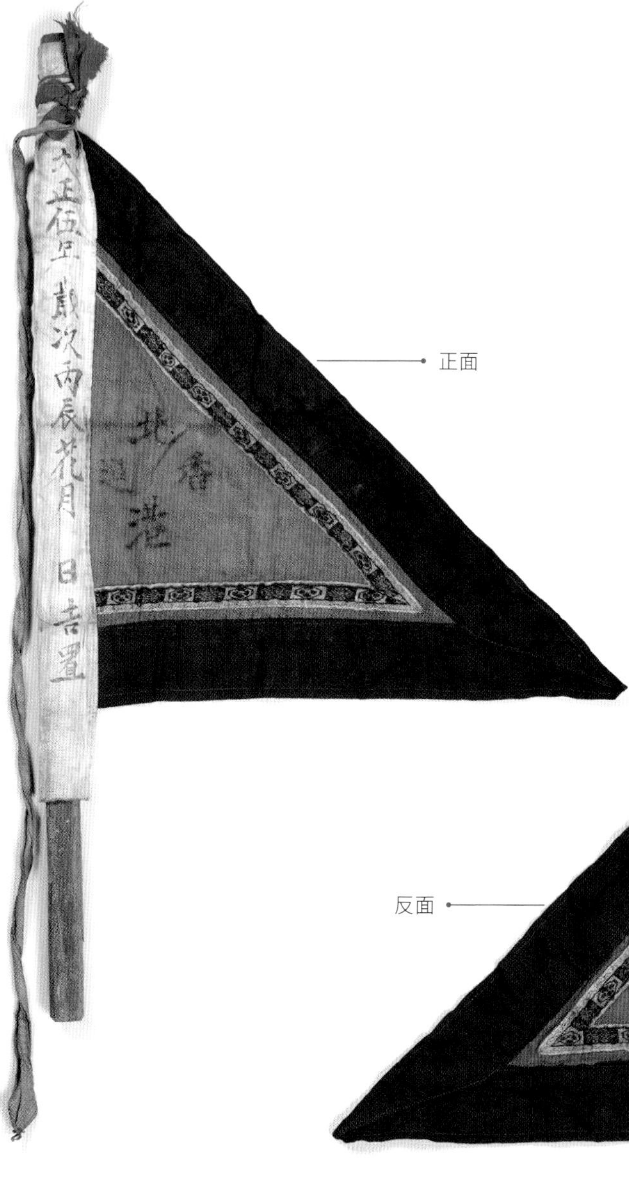

正面

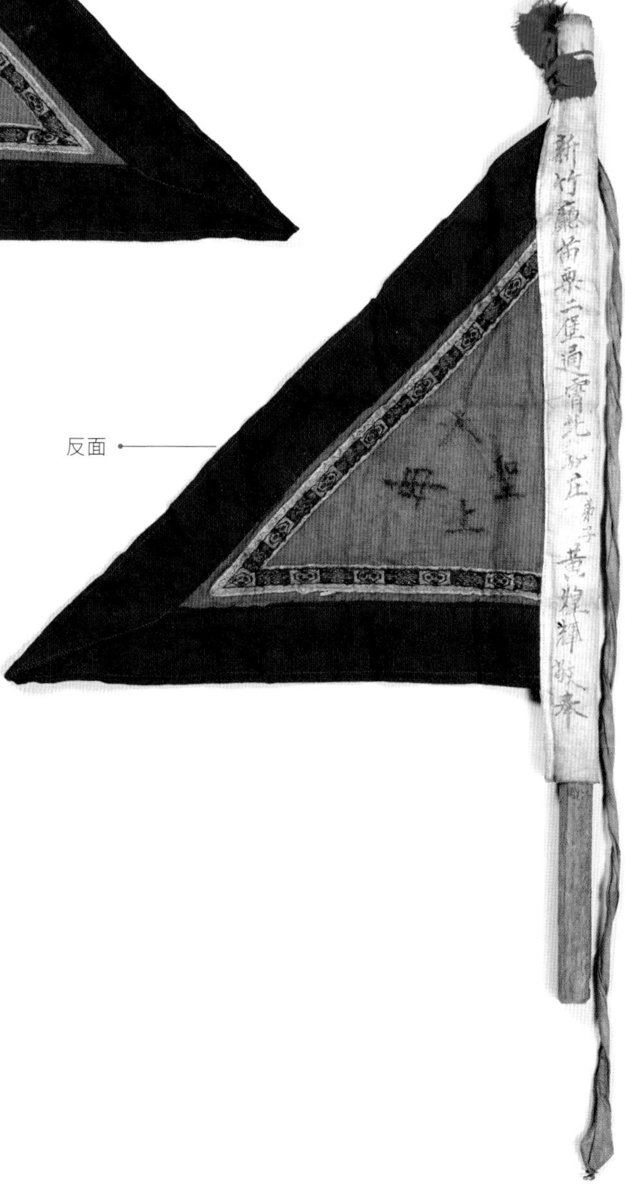

反面

01

三月瘋媽祖

一九一六年黃煌輝的北港進香旗

館藏號	2006.003.0175
年代	1916年
材質	織品
尺寸	47.5公分×58.2公分×2.2公分

進香旗的樣式與使用

進香指的是信眾跟隨分靈的神明，回到原廟參加祭典或參拜的活動，而集體揪團隨著神明參拜的團體，就稱爲「進香團」。信眾於進香時隨身攜帶的進香旗也稱「隨香旗」，一般旗面會書寫神明及進香的寺廟名稱。進香旗是信眾自己購買或訂製的，劍帶或旗桿面寫上供奉人姓名、地址、年代等，旗桿以竹製爲佳，有時候會保留竹梢，祈求「好尾溜」（表示有好的結束或結尾）。

若要持有進香旗，需要年滿十六歲，並祈求神明同意；而持有者過世後，通常就需將旗子於金爐中焚毀；北港朝天宮祭祀組組長紀仁智先生在訪問中指出，如果後代家人想要繼承進香旗，即所謂「子擎父旗」，需要稟明神明、取得同意才行。

有的人會在旗子頂端掛著錫製進香牌，一面打製媽祖與宮女像，另一面打製「天上聖母」字樣；進香牌頂端吊掛小孔的斜邊上，會有一個洞，讓信徒可以放入祖廟的香灰。一般進香旗是放在家中神明桌上，每年進香時，持旗人將進香旗及進香牌帶到祖廟香爐過火、取香火，象徵持旗人生命更新。

集體進香的時刻

臺史博收藏的「一九一六年黃煌輝的北港進香旗」是一面三角旗子，旗面爲紅底黑邊，上面書寫有「北港」、「進香」等字，另在側邊寫有「新竹廳苗栗二堡通霄北勢庄弟子黃煌輝敬奉」、「大正伍年歲次丙辰花月日吉置」，說明了居住在苗栗通霄北勢庄的媽祖信衆黃煌輝，於一九一六年農曆二

北港朝天宮天上聖祖進香牌。（館藏號 2004.007.0525）

北港朝天宮鎖型香火牌正面、背面。（館藏號 2004.007.0527）

北港朝天宮前來自各地的香客聚集在廟埕前祭拜。（館藏號 2001.008.0418）

月，隨著進香團到北港朝天宮進香——從苗栗到北港實際距離有一百二十公里之遠。

清代以來，北港朝天宮、新港奉天宮、臺南大天后宮、鹿耳門天后宮、鹿港天后宮都是各地信徒常去進香的地點，跨域的進香活動非常盛行，「北港進香」更是全臺熱門的大型進香活動，多數選擇在媽祖誕辰的農曆三月辦理，成爲全臺媽祖活動的高峰期，整個月遶境、進香活動絡繹不絕。

清末的《安平縣雜記》便記載：「三月，北港進香。市街里保民人沿途役來，數萬人日夜絡繹不絕，各持一小旗、掛一小燈；燈旗各寫『天上聖母北港進香』八字。」

日治初期，進香因各地動亂而稍歇，一八九七年之後又逐漸恢復。清代因交通不便，信徒們只能步行至北港進香，一九〇八年臺灣縱貫鐵路修築完成，及各地輕便鐵道陸續鋪設，爲香客們提供便捷的交通，促使大量香客湧入北港。

一九一七年三月十六日《臺灣日日新報》以〈北港媽祖盛況〉報導：「北港媽祖參詣者，年年皆五十萬至七十萬之多。」從日治開始，本來一輩子只可能到北港參拜一次的香客，因交通的改善，旅程縮短，得以時常前往進香。

鐵路發明後的進香行程

臺灣總督府鐵道部爲了爭取進香客源，推出折扣方案，如一九〇六年二月十八日《漢文臺灣日日新報》報導，鐵道部針對前往北港朝天宮的進香客推出「准減車價」方案，只要憑進香證搭乘五分車即可享折扣。一九一一年起北港地區陸續完成「北港線」、「他里霧線」、「小梅線」三條私設鐵道，健全北港市街的對外交通，得以載運大量香客前往進香；這三條鐵道也推出各種優惠措施，促進旅客前來進香。

日治時期臺灣縱貫鐵道的各站站長，曾在報紙上公告組團至北港進香團旅遊，每次以三百人爲限，從臺北出發，來回三日；旅客搭乘臨時急行列車，大人五圓五十錢，小孩二圓七十五錢，沿途還安排參觀新竹城隍廟、彰化南瑤宮、新港奉天宮等。因北港朝天宮進香香客衆多，鐵道部增加不少收入。一九三五年二月二十六日臺灣總督府交通局總長還特別請稻江大世界美術館特製匾額贈予北港朝天宮，以答謝神恩。

由於交通環境改善，以及休閒旅遊風氣的興起，揪團進香成爲當時民衆的休閒活動之一。

日治時期臺中地方仕紳張麗俊日記中，便時常記載他搭乘著火車到處進香，一九一七年六月二十四、二十五日的日記中，就記下他跟隨媽祖進香團搭乘五分車至南港（今新港），並至北港朝天宮進香，結束後又搭乘五分車趨往嘉義，投宿於玉峰旅館，夜間順道至嘉義市街遊玩。

這面進香旗中不僅代表了黃煌輝的媽祖信仰，也反映臺灣人在特定時間的宗教活動，每年農曆二、三月開始臺灣人進香活動的熱潮期，帶動的不只宗教活動，是大眾休閒旅遊生活的轉變，同時也顯示出臺灣常民生活歷史的面貌。（陳靜寬）

金屬北港朝天宮媽祖神像，提供信眾請回祭祀。（館藏號 2004.028.1103）

延伸閱讀

・廖振富、張明權，〈日治時期臺灣古典詩中的「媽祖進香」書寫——以 1912 年〈笨港進香詞〉徵詩作品爲例〉，收於《2013 臺中媽祖國際觀光文化節——媽祖國際學術研討會論文集》。臺中：臺中市政府文化局，二〇一三，頁二七七—三〇八。

・鄭螢憶，〈日治時期的進香旅遊：以北港朝天宮爲例〉，《臺灣學通訊》七九期（二〇一四年一月），頁二八—二九。

・林美容，《媽祖信仰與台灣社會》。臺北：博揚文化，二〇〇六。

秋徵去二月份月銀壹拾元

正月廿六日

阿漣訂盟去銀貳拾肆元

育嬰堂正月去經費錢壹百弍拾文

正月三十日

買清油斤去銀壹元

二月初二日

神福開去銀壹元

阿貫完婚賀去銀壹元

二月初十日

阿漣買鳳隊去銀叁拾陸元

耀辰官抄并細賬條去錢肆百文

二月十四日

買清油斤去銀壹元

買蔗朴去銀壹元

換来錢陸千貳百肆拾文

二月十九日

換錢去銀陸元平〤〦

劉孺人正忌去錢伍千陸百肆拾文

二月二十日

買埔姜〣〇担江水去銀陸元平〤〦

又銀叁角去錢叁百文

二月廿七日

怡堂公祭坟開去銀肆元平〡〤

南金祭坟開去銀叁元平〢〤

二月廿九日

秋徵去三月份月銀壹拾元〤

買清油去銀壹元〨

三月初三日

做節開去銀叁元〢〤

阿貫去辛工銀貳元〡〡

第二六葉

02

婚前準備與婚後保障

安平顏家的出嫁帳單

館藏號 2020.013.0001（黃洪玲花女士捐贈）
年代 1868 － 1873 年間
材質 紙質、織品
尺寸 26.6 公分 × 23.7 公分

且把深情換行情：嫁妝的意義

傳統世俗觀念裡，常把婚姻說成女人一生中最要緊的事。而關於女性訂盟、納采等嫁娶的細節知識，已有許多考據發掘，但清朝奢嫁、厚嫁盛行的社會風氣，卻少相關史料的印證。臺史博館藏一八六八至一八七三年（同治七至十二年）安平顏家的帳本，簿記顏家生活物件支出的紀錄，讓我們進一步掌握當時婚姻締結過程中，女性出閣前後的物品需求開銷，也能藉此看見父母對於女兒的疼惜，以及當時的人們如何花費貲財，維護家庭的體面。

清朝有格言：「娶媳求淑女，勿計厚奩」，奉勸世人要以賢德爲擇妻首要條件，而非嫁妝厚薄，反面點出時人重聘禮、奢陪嫁的風氣。富貴之家的厚奩，可以保障女兒婚後的經濟地位；也能夠藉著嫁女，在鄰里間炫耀；也有以陪嫁爲由，藉機分家產予女兒。嫁妝背後，有父母疼惜之情，也有著社會價值的算計。

帳本中的嫁妝

帳冊裡涉及家中兩位姑娘妝奩的支出項目，值得令人注意的是這些衣物首飾、日用物品的支出標記，讓我們對清代臺灣嫁妝，有了更多瞭解。

由帳本開支可以知道顏家屬地主業戶，算是小康以上的家庭。帳本裡的主角「阿漣」與「阿圭」，是顏家兩位年紀相仿的待嫁閨女。兩位姑娘的花費開銷，可從同治七年的「漣圭裹蓮去錢柒百文」開始算起。「裹蓮所需」清楚標誌著姑娘們的纏足開銷，可見顏家

臺南安平顏家帳本，原由學者黃典權蒐藏，後捐贈臺史博。

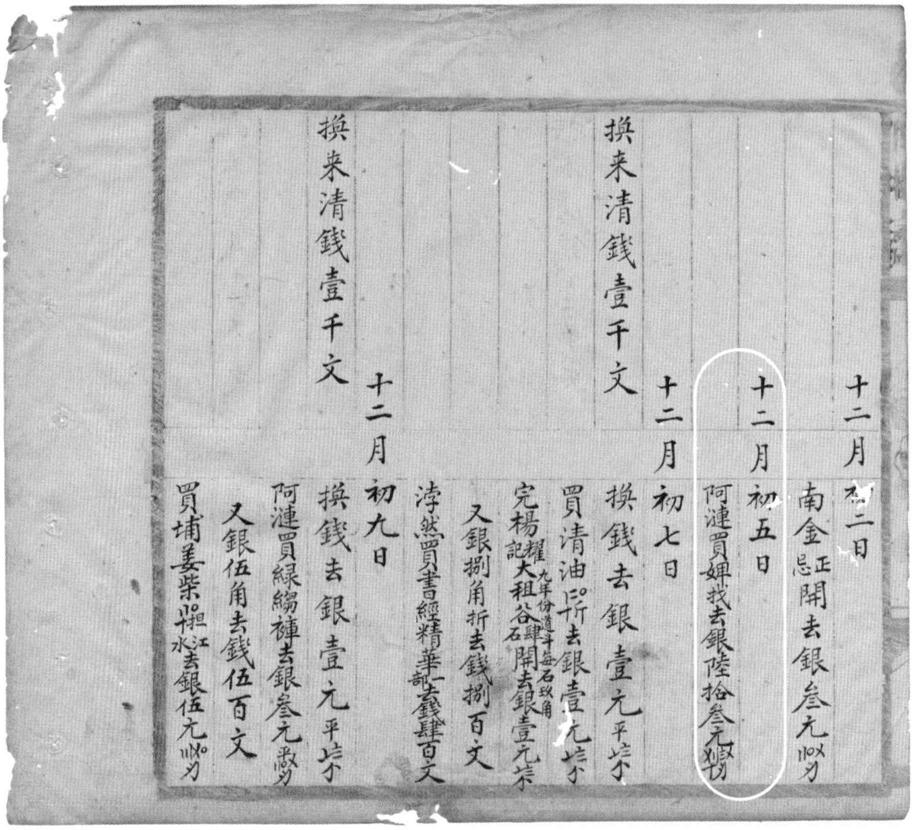

顏家為了給女兒阿漣陪嫁而買婢的紀錄。

家長期望爲她們塑造出能擄獲佳偶的纖足，以得到富有頭家的青睞。此外，帳本呈現以衣物首飾爲多。以阿漣三年內的支出紀錄來觀察，可發現她名下的帳目相關的有：

同治九年，買紗線、買繡線，定婢、買婢、買綠綯褲。

同治十年，訂盟、買鳳隊、鳳冠扁簪、蘇妝百景裙與袖口、裁縫女工、蘇朱蛋羅四疋、舊金邊花一對、眞珠三十粒、納采買元旗類聯、買錫盒筆架硯、納采、納采買線緞袍套、還震成綢布、出閨還震成、還玉山金銀器一單、還楚山金銀器一單。

這部分的帳記，包含三項嫁娶儀式活動：訂盟（文定、訂婚）、納采（大聘、大定）與出閨（迎娶）。訂盟之前，阿漣已預備專業裁縫找綢料，做嫁衣，添購高單價的綠色絲褲，也確定陪嫁女婢人選。買婢則在婚禮前就須提早預備，能夠出閣陪嫁，好好照護新嫁娘。在這筆買賣中，買斷婢女人身權利只需六十四銀元。臺人素來賤婢，過去有許多無視人權，也剝奪婢女們成家權利的案例，因此光緒年間有所謂官府立起〈嚴禁錮婢不嫁碑記〉，藉此矯正歪風。

「訂盟」之後，則是採購阿漣納采、出閨的妝奩；這筆開銷不僅要應付當天儀式或宴請賓客的各種需求，也需涵蓋新娘的華麗飾品：如鳳隊（墜）、鳳冠、扁簪與眞珠（珍珠）等高級首飾珠寶。新嫁娘擁有高貴鳳冠頭飾，可以彰顯顏家財力，或也代表父母對女兒的眞心祝福。

帳記中也有不少布品開銷，甚至還委請女性裁縫與傭工。百景裙即是百褶裙，蘇朱蛋羅則是來自蘇州的絲綢花布，但是否爲牡丹花羅布的「丹羅」諧音，目前研究尚無法確定；衣物首飾在各地嫁妝裡是普遍的物品，最重要是符合新婦的要求與品味。首飾多寡當然體現家族的貧富，從帳記可見家族對於婚禮的禮數，種種的操辦與費心，而嫁妝的規模確也形成借貸、破產的社會問題。

帳上數字背後的深情關愛

從帳目可以揣測，阿漣約於一八七一年（同治十年）農曆（下同）十月到十一月間舉行納采儀式，年底前出閣，完成終身大事。最末一筆涉及她的開銷，則是一八七二年（同治十一年）的春天：「月內並倩老婆去銀參元」，這是新婦阿漣晉身人母後，坐月子期間，娘家為她雇用看護的老婦，作為對女兒的疼惜。據說這種女兒婚後「頭胎二胎吃外家」，是臺南由來已久的習俗之一。

帳本內另外一位姑娘阿圭，她的出閣妝奩，同樣以衣飾為多。於同治九至十年間，陸續買入藍洋羽棉裘、絲質花裙、輕軟絲織品雪青縐布疋，另外也購得翠眉飾品、人物花邊玉環的配飾，這些珠翠品項的單價，與阿漣的眞珠旗鼓相當；同治十一年，購入耳勾並珠，是眞珠耳環相關的首飾，隔年正月、二月則分別有五十銀元以上的大筆「閨費」支出，則為支應嫁娶相關儀式的開銷。值得留意的是，可能因身分不同，她並未被允許買婢。

晚清名臣曾國藩女兒出嫁，曾明言妝奩以兩百兩銀為限，隨著清代社會經濟的發展，人們生活水準提高，家庭條件優越的話，自然願意多給女兒贈婚妝奩，對女兒的關愛，保障她們

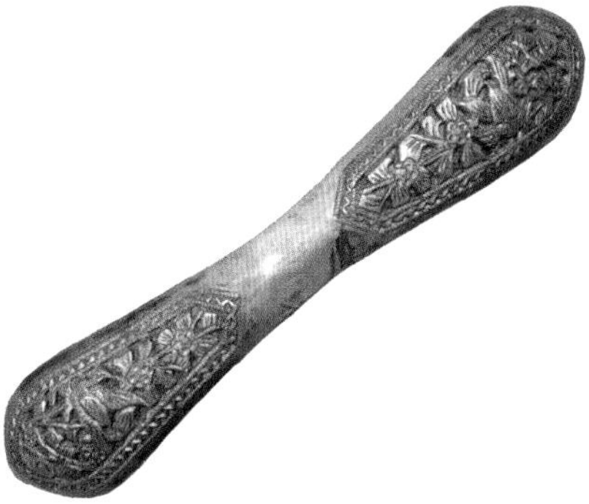

➲ 滿綴鑲飾的鳳冠，具有富貴的象徵。（館藏號 2017.024.0104）
➲ 扁簪。（館藏號 2003.018.0015）
➲ 百褶裙。（館藏號 2003.008.0242）

傳統中式的新娘嫁衣。（館藏號 2003.003.0001）

未來在夫家的地位，也可以顯示家族的體面。帳面上阿漣與阿圭的出閣開銷各爲四百六十餘與三百二十多銀元，或許因嫡出庶出之身分差異，使婚禮開銷也大爲不同，阿漣甚至還配有女婢。顏家經濟來源概爲地租、房租與利息之類，一年總收入約爲五百至六百元左右，這樣算來，體面地爲兩位閨女出閣嫁妝張羅，加上宴客的嫁資開銷，所費不貲，花錢毫不手軟。

從閨女、新婦到人母，女人的情愛自古向來不是看山是山，看水是水。一場婚禮，充滿斤斤計較的估量盤算。這段記載女性在出閣婚儀上的消費紀錄，在建構臺灣民間女性生活實況之時，留下另一番供人想像的豐富訊息。（劉維瑛）

延伸閱讀

·黃典權，〈古帳研究一例：參：由古帳的支出紀錄看古代的生活問題〉，《臺南文化》六卷三期（一九五九年五月），頁四一—四八。

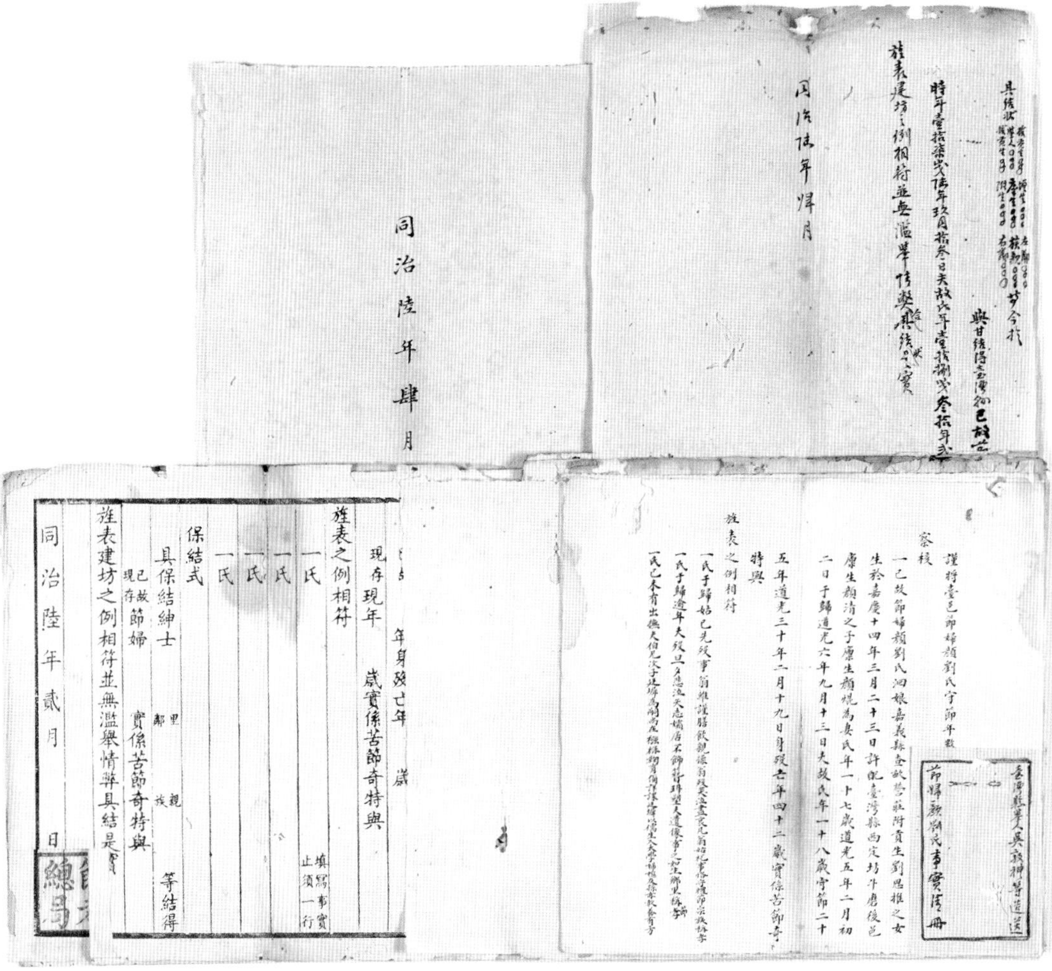

同治陸年肆月
臺灣縣舉人吳□紳等遵送
節婦顏劉氏事實清冊
謹將臺邑節婦顏劉氏守節年數
容核
一已故節婦顏劉氏泗娘嘉義縣奎壁莊附貢生劉思椎之女
生於嘉慶十四年三月二十三日許配臺灣縣西定坊牛磨後邑
庠生顏清之子庠生顏焜為妻氏年一十七歲道光五年二月初
二日于歸道光六年九月十三日夫故氏年一十八歲守節二十
五年道光三十年二月十九日身故年四十二歲實係苦節奇
特與
旌表之例相符
旌表之例相符
現存 現年 歲實係苦節奇特與
年身故 年 歲
一氏
一氏
一氏
一氏
填寫事實止須一行
保結式
具保結紳士 里鄰 親族 等結得
已故 現存 節婦 實係苦節奇特與
旌表建坊之例相符並無濫舉情弊具結是實
同治陸年貳月 日
總号

03 為你，一生守候

清同治年間臺郡節孝局關係呈報文件

館藏號	2020.013.0002（黃洪玲花女士捐贈）
年代	1861 － 1875 年間（清代同治）
材質	紙質
尺寸	52.9 公分 × 24.6 公分

表彰貞節烈女

過往，能夠被挑選，而在歷史中被記載的女性極為有限，而且往往是緣於某個特殊時刻，因爲賢良有德的範型，隱含教化的意義，而成爲實錄與方志文獻中的「貞節烈女」；這挑選的過程，背後有一套由父權觀點主導、國家界定的辨識標準，以及獎勵的制度，我們所熟悉的節孝祠、貞節牌坊等，便是透過「旌表制度」，公開表揚稱頌守節不改嫁，或者拒絕受辱而殉死的女性，所型塑出的空間地景。

貞節烈女的事蹟以「節孝」故事流傳：「節」，是爲死去的男人守身守節，兼顧保守身體和名分「從一而終」，強調不被玷污，守住節操、身體的「潔」，同時符合禮教規範；孝道的「孝」，則凸顯侍奉舅姑恭順，節孝，便是耗盡大半輩子，漫漫長夜的守候換來的榮譽。

臺史博館藏這批來自安平顏家所遺留的古文書，涉及清代同治年間，臺灣女性節孝事蹟呈報資料。過去有關於節孝祠或文人談貞烈女性詩文等討論，少有具體論及清代臺灣社會的旌表制度，也少有呈現貞節觀的演變與影響。這批古文書給了我們更多的線索，去探索這些以節孝之名被推舉褒揚的臺灣婦女，她們究竟是誰？而「節孝局」之評判運作與揀選程序，也隨之浮出水面。

節孝局是官員與地方菁英共同組織的機構，目的在招募各地士紳，採訪當地的貞烈婦女，舉報節孝，並辦理請旌的手續。這批材料含括節孝總局冊式、禮部題本抄稿、已故節孝婦名單殘件、節孝局公函與節孝局商辦事宜等史料。

過去旌表節孝的辦理流程，本來是先由地方官員申請，縣州府學收集，網羅適切人選後，再往上級呈報，然後督撫匯題申報，最後再到

臺南市孔廟園區內節孝祠，供奉二百多位節孝婦女。（劉維瑛攝）

臺南市蕭氏節孝坊。（劉維瑛攝）

禮部批准。進行申請旌表之前或同時，地方官府也會有許多措施來配合宣揚有德婦女。

從節孝局所貼出的布告，點出婦女旌表守節年限的標準：無論妻妾，凡是三十歲以前亡夫，守節至五十歲，或寡居十年以上且孝義兼備者；孝女以父母無子孫，終身奉養不嫁者，此爲一八二四年（道光四年）後的規定。原先規定爲寡居二十年，自一七二五年（雍正三年）起減短爲十五年，又於一八七一年（同治十年）縮短爲六年。節孝事蹟，每一位都意味著苦熬、壓抑與堅忍的不尋常故事，這些都是貞節女性以矢志不渝的允諾，所開展的漫長生命旅程。

節孝局的出現

同治之前，臺灣官吏並非不處理節孝婦女褒揚的問題，而是旌表制度有些行政上推動的困難，例如建議入節孝祠官方卻無回應，缺乏經費、胥吏藉機擱置未處理、不符合規定，或者是有草率批駁等行政缺失。清帝國爲積極推動節孝事務而設局的情況雖不普遍，臺灣卻不是唯一的地方個案，還有一八六九年（同治八年）的廣西。清代中期以降，由於各地戰亂頻繁，疲於戰事的朝廷，逐漸失去對地方的主導權，節孝局便是透過地方官員、家族、各地士紳所匯集的社會行動，以採集賢德女性爲號召，鞏固自身的地位。

十九世紀後半，由於頻繁的動盪，導致國家陷入財政匱乏的窘境，地方官員在維繫政治勢力，以及維護社會秩序的同時，旌表制度與節孝祠運作的主導權，也因此開始移轉至地方士紳，

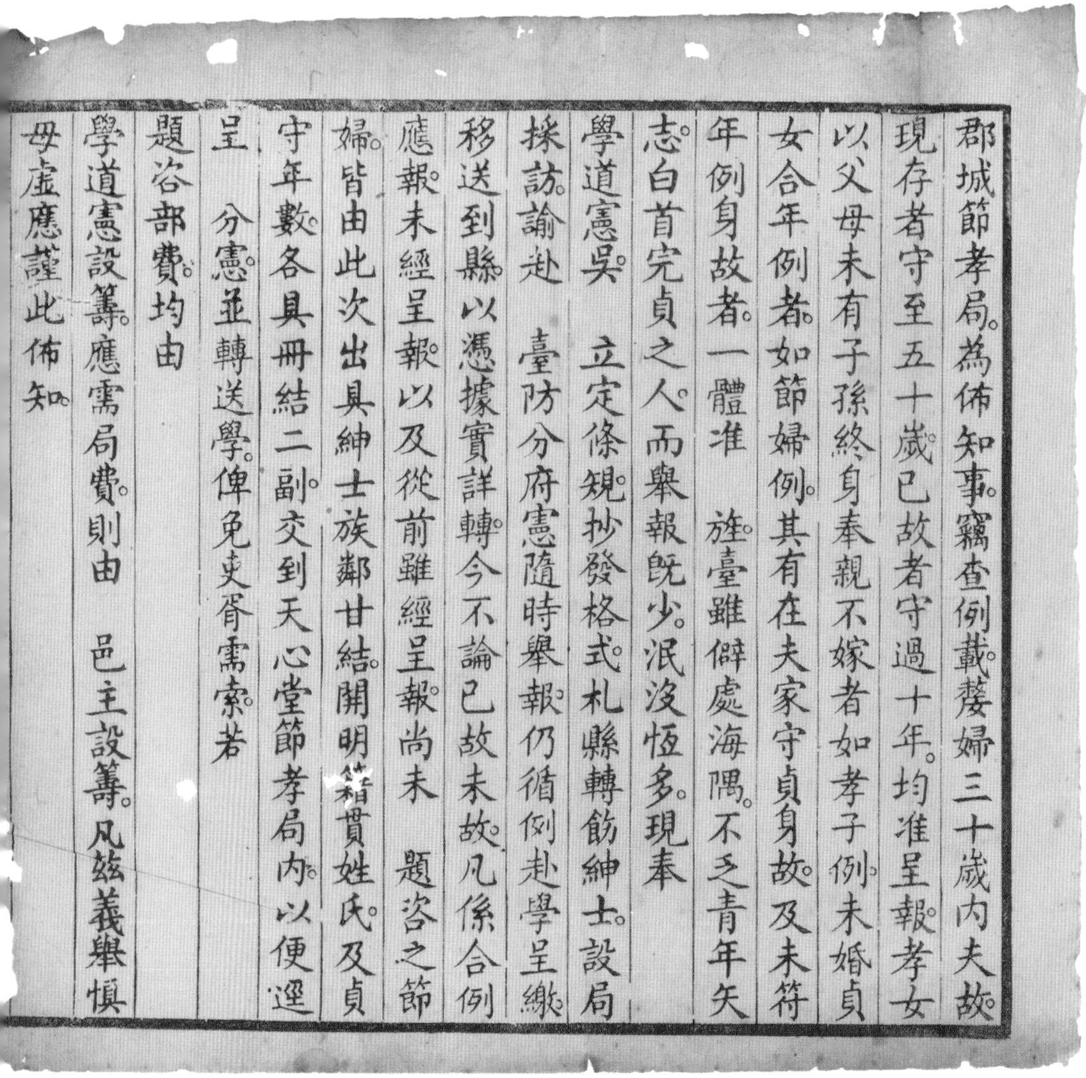

郡城節孝局。為佈知事。竊查例載。孀婦三十歲內夫故現存者守至五十歲已故者守過十年。均准呈報孝女以父母未有子孫終身奉親不嫁者如孝子例未婚貞女合年例者。如節婦例。其有在夫家守貞身故。及未符年例身故者。一體准　旌。臺雖僻處海隅。不乏青年矢志白首完貞之人。而舉報既少。泯沒恆多。現奉
學道憲吳　立定條規。抄發格式。札縣轉飭紳士。設局採訪。諭赴　臺防分府憲隨時舉報。仍循例赴學呈繳移送到縣。以憑據實詳轉。今不論已故未故。凡係合例應報未經呈報以及從前雖經呈報尚未　題咨之節婦。皆由此次出具紳士族鄰甘結。開明籍貫姓氏及貞守年數各具冊結二副。交到天心堂節孝局內。以便遞呈　分憲並轉送學。俾免吏胥需索。若
題咨部費。均由
學道憲設籌。應需局費。則由　邑主設籌。凡茲義舉慎毋虛應。謹此佈知。

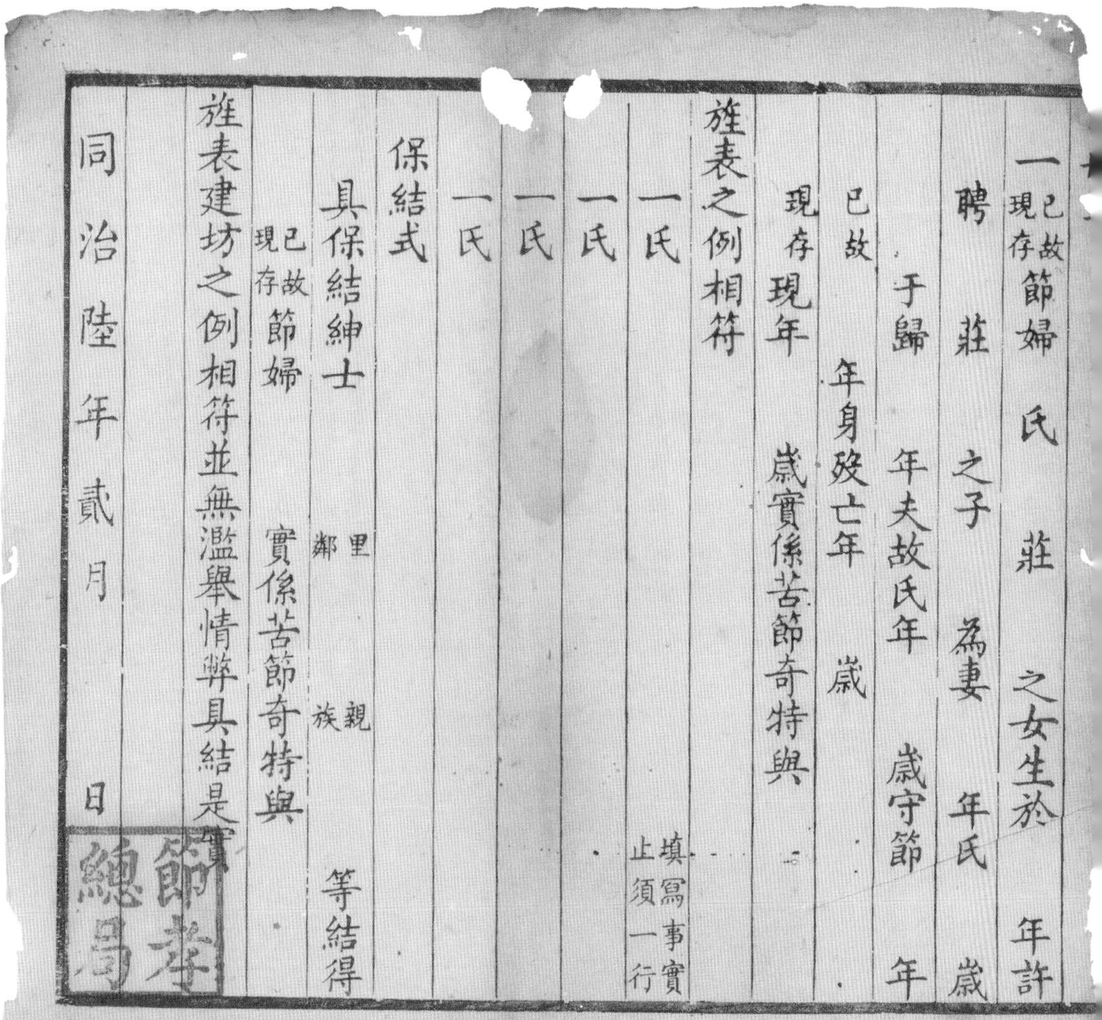
一已故現存節婦　氏　莊　之女生於　年許
聘　莊　之子　爲妻　年氏　歲
于歸　年夫故氏年　歲守節　年
已故　年身歿亡年　歲
現存現年　歲實係苦節奇特與
旌表之例相符
一氏　填寫事實止須一行
一氏
一氏
一氏
保結式
具保結紳士　里鄉　親族　等結得
已故現存節婦　實係苦節奇特與
旌表建坊之例相符並無濫舉情弊具結是實
同治陸年貳月　日
節孝總局

同治 6 年 2 月節孝局佈告，表列婦女之旌表資格規定，以及註明相關文件繳交處於天心堂節孝總局；天心堂位於今日臺南市中西區民權路北極殿（俗稱大上帝廟）後殿。（館藏號 2020.013.0002.0047）

貞節崇拜的社會網絡，達到前所未有的規模，更是迅速擴張節孝祠的人群基礎，讓參與其中的人們，其家族婦女守節既換得實質上的旌表賞賜，也換來家族聲望的上升。

然而，一八六七至一八六九年（同治六年至八年期間），臺灣的舉薦旌表工作，與節孝局的創建施行，異於先前以縣學爲主的方式。節孝局具體實踐從地方採集，盡力考察蒐羅，以教化爲最終目的。當席捲大清帝國的太平天國之亂底定，約莫同時的戴潮春事件也步入尾聲，值此時刻，而積極創設並表彰貞節，亦具有維護政治秩序之意義。

藉由這批館藏文件的記錄，我們得知當時負責節孝局事務的關鍵人物是知府葉宗元、臺防同知王文棨，根據府城在地進士施瓊芳所呈報，採得二百五十位孝敬翁姑、柏舟完節的婦女事蹟，含括已故一百四十二人，在世則有一〇八人；從軍機處奏摺錄副中，則進一步載明地區，包括嘉義六十五人，淡水四十八人，臺灣（今臺南）則有一百二十二人，鳳山有十五人。旌表作爲普通百姓最高榮譽，以旌表來弘揚賢德婦女，樹立楷模，很能鼓勵民眾。

在府城享有盛名的施瓊芳、施士洁，爲全臺唯一的進士父子。施瓊芳曾任海東、白沙書院院長，重視儒教義理與儒家儀式，以書院維運推廣文風，培養知識人才；同時關注文昌祠、育嬰堂、義民祠、藥王廟等空間，關心當時重男輕女下的溺女現象。如此看重公共空間與社會救助的施瓊芳，投身請旌工作與節孝事務，因此成就同治六年節孝局請旌成果。

臺史博收藏的這批節孝局史料，促使我們重新找尋同治年間二百多位臺灣女性身影。當清帝國晚期財力無法因應，民間社會仍以此規範性別秩序與社會風氣，表彰賢德女性，形成國家權力、地方社會與貞節論述的匯集，底層人們與族群連結，地方官員、知識菁英、士紳家族，共同形塑了一個推廣機制的誕生。（劉維瑛）

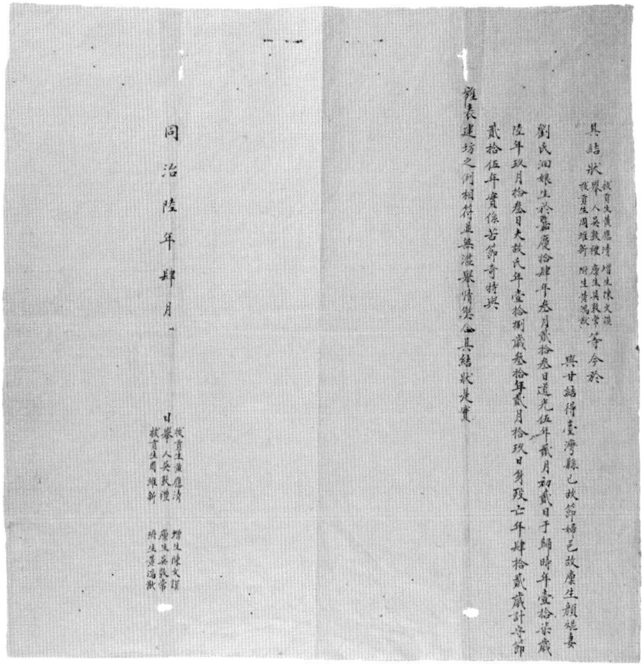

➲ 同治 6 年，顏劉洄娘節孝事蹟申請旌表之具結狀，由鄉里間的知識分子、親朋好友與左鄰右舍都署名擔保。（館藏號 2020.013.0002.0052）

➲ 本件為吳敦禮等人造送節婦顏劉氏事實清冊浮籤。這枚小小浮籤，意謂著完成一位賢德女性的故事採集，將節孝女性動人的楷模事蹟，讓府縣學往上彙整提報，也是成就節孝工作、辦理首要公文書的一個環節。（館藏號 2020.013.0002.0001）

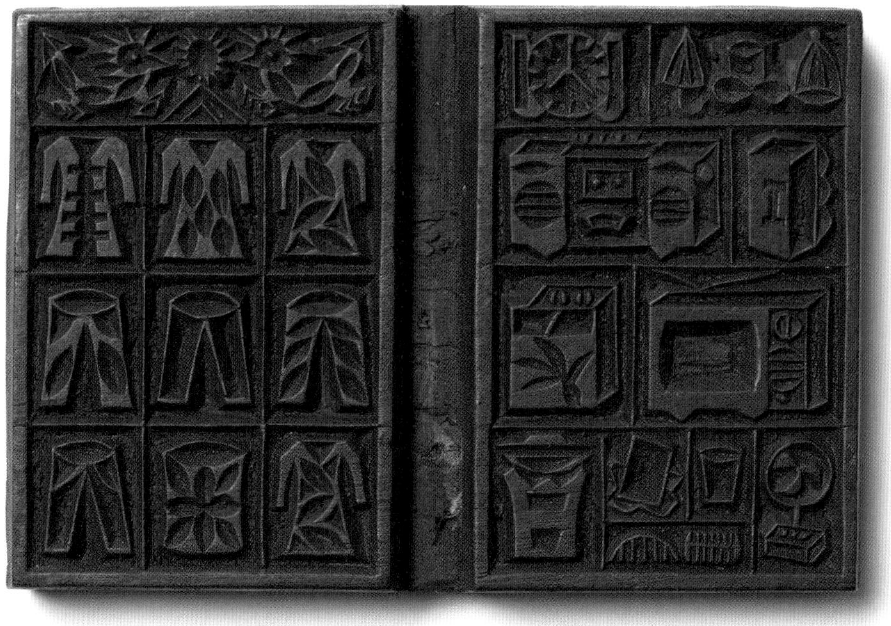

04

死後時間的想像

木刻更衣印版

館藏號	2003.009.0868
年代	1970 – 1990 年間
材質	木質
尺寸	13.7 公分 ×9.2 公分 ×2.1 公分

漢人從明末移居臺灣開始，便有使用金銀紙的習俗紀錄。傳統漢人民間習俗認爲金銀紙爲神界及冥界的通用貨幣，依照給予對象的不同，可區分爲金紙、銀紙及紙錢；一般來說金紙祭祀神佛，銀紙及紙錢則用於祭拜祖先、喪事、祭孤魂野鬼及普渡使用。除了通用貨幣的交換，人們認爲透過焚燒儀式，能將人世通用的物件傳送給需要的對象。

隨著工業化發展，一九六〇、七〇年代後，金銀紙的印刷方式已由傳統的木刻印版，轉爲機器大量印刷，進而走向更均一的大量製造形式。臺灣金銀紙製造業的發展，也曾有幾度因政治及使用目的的轉變消長，一九八〇年代賭博風潮盛行，民眾紛紛湧入廟宇，向神佛、鬼魂等超自然力量求取明牌，而金銀紙錢所代表的貨幣意涵，也在此時透過焚燒儀式傳遞需求，與神鬼進行交換。

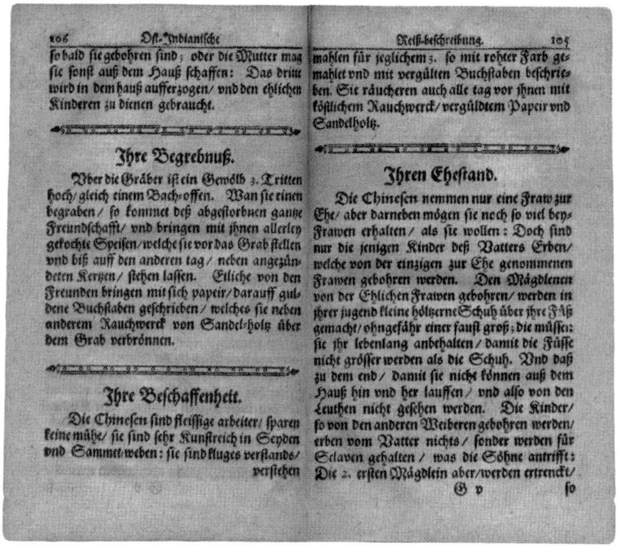

206 Ost-Indianische

so bald sie gebohren sind; oder die Mutter mag sie sonst auß dem Hauß schaffen: Das dritt wird in dem hauß aufferzogen/ vnd den ehlichen Kinderen zu dienen gebraucht.

Ihre Begrebnuß.

Vber die Gräber ist ein Gewölb 3. Tritten hoch/ gleich einem Bach-offen. Wan sie einen begraben/ so kommet deß abgestorbnen gantze Freundschafft/ vnd bringen mit jhnen allerley gekochte Speisen/welche sie vor das Grab stellen vnd biß auff den anderen tag/ neben angezündeten Kertzen/ stehen lassen. Etliche von den Freunden bringen mit sich papeir/darauff guldene Buchstaben geschrieben/ welches sie neben anderem Rauchwerck von Sandel-holtz über dem Grab verbrönnen.

Ihre Beschaffenheit.

Die Chinesen sind fleissige arbeiter/ sparen keine mühe/ sie sind sehr Kunstreich in Seyden vnd Sammet-weben: sie sind kluges verstands/ verstehen

Reiß-beschreibung. 105

mahlen für jeglichem 3. so mit rohter Farb gemahlet vnd mit vergülten Buchstaben beschrieben. Sie räucheren auch alle tag vor jhnen mit köstlichem Rauchwerck/ vergüldtem Papeir vnd Sandelholtz.

Ihren Ehestand.

Die Chinesen nemmen nur eine Fraw zur Ehe/ aber darneben mögen sie noch so viel bey-Frawen erhalten/ als sie wollen: Doch sind nur die jenigen Kinder deß Vatters Erben/ welche von der einzigen zur Ehe genommenen Frawen gebohren werden. Den Mägdlenen von der Ehlichen Frawen gebohren/ werden in jhrer jugend kleine höltzerne Schuh über jhre Füß gemacht/ ohngefähr einer faust groß; die müssen sie jhr lebenlang anbehalten/ damit die Füsse nicht grösser werden als die Schuh. Vnd daß zu dem end/ damit sie nicht können auß dem Hauß hin vnd her lauffen/ vnd also von den Leuthen nicht gesehen werden. Die Kinder/ so von den anderen Weiberen gebohren werden/ erben vom Vatter nichts/ sondern werden für Sclaven gehalten/ was die Söhne antrifft: Die 2. ersten Mägdlein aber/werden ertrenckt/

G v so

➲ 1669 年出版的《東印度旅行記》內，在 1660-1662 年關於在臺灣的宗教及掃墓見聞中，即記載中國人會在神像前及墳前焚燒金紙的文字。出自阿伯特（Albrecht Herport）著《東印度旅行記》（*Eine Kurtze Ost-Indianische Reisz-Beschreibung*）。（館藏號 2003.031.0009）

陰陽物件交換的請帖

人要衣裝、佛要金裝，那鬼呢？農曆七月初一開始，爲傳統陰曆俗稱的鬼月，剛從地獄暫時出關渡假的孤魂野鬼們，除了飢腸轆轆外，還衣衫襤褸，在「人間」的這一個月裡，除了滿足飲食需求，也需要一點休閒娛樂和生活配備，臺灣金銀紙中的「更衣」，也是因應這樣的需求而生。

更衣也稱巾衣或經衣，通常印有盥洗用具、生活器具等日常用品，有奉獻衣裳、鞋帽之意，即給「好兄弟」穿的衣服。常見於農曆七月中元普渡時，焚燒作爲祭祀孤魂野鬼的用品，祭祀時通常會搭配「小銀」、「白錢」一起焚燒，順序爲先焚燒更衣，再燒小銀，需要遵循焚燒的先後順序，不同的冥紙及紙錢不能混燒，代表先讓亡者梳洗、更衣及用餐後，再收錢離開，所以焚燒更衣除了給予孤魂野鬼在生活必需品上的救濟外，也有廣發「邀請帖」之意。

早期更衣的印製是由木質的印版壓印而成，雕刻方式與風格依地區和製作者而各有不同，印版的內容可以反映製作者對於亡者生活必需品的認知，以及所處年代的背景差異。

更衣通常爲長方形的黃色竹仔紙，印有男衣及女衣，印刷顏色有綠、紅、黑色皆有，通常男衣印綠色、女衣印紅色；也有一說主張黑色、紅色較稀有，紅色爲道士做法時指定派用，但在現今各博物館藏品或書籍收錄圖版來看，三種顏色都有，可見似乎皆可通用，或可能存在地區性的差異。今日臺南地區常見形式爲一張或半張對折的版型，印有日常用品圖示，內有男女衣服、梳子、扇子、鞋子、鏡子等日用品；臺史博館藏則有以墨綠色印製於黃紙上的經衣，原版出於日治時期。

在館藏的木刻更衣印版及紙錢中，比較特殊的有三件藏品，即本文所呈現的這一件，以及文物放大鏡中的兩件，圖樣除了常見的衣、褲、裙、連身裙、梳子、鍋灶等生活必需品，還出現了時鐘、洗衣機、電視機、收錄音機、電風扇等現代的家電用品。從更衣多元的圖像造型來看，主要是製作者依據對亡者生活必需品的想像，再將想像轉化圖樣，以接近寫實的造型或抽象的線條圖案來表示。從這幾件文物的圖樣造型來看，衣、

本件木刻盂蘭勝會更衣印版刻有「盂蘭勝會」、「男衣」、「女衣」以及「南無阿彌陀佛」，很明確的顯示是提供中元普渡的好兄弟使用，並區分男女衣物及生活用品。（館藏號 2004.011.0093）

褲、裙、剪刀、杯、桶等常見的用品已轉爲較抽象的平面圖案，器物類用品主要是因應時代背景產生的新式圖樣，較接近寫實的立體造型，特徵較爲細緻。

透過更衣符號的轉換，藉由焚燒儀式，想像亡者能收到生者給予的寄託，滿足生者對於亡者的牽掛或是對於孤魂野鬼的憐憫。焚燒後的金錢及物件，無論送達與否，已在心靈上達到某種程度的滿足及安慰，也反映生人想像死後時間的世界觀。（呂錦瀚、陳韋利）

1 更衣裡的時間

臺史博館藏中，有三件更衣印版，以及二件更衣紙錢，不但帶有時鐘圖樣，而且圖樣還有相似的地方：三件印版及一件紙錢的時鐘圖樣指針的角度極為相似，皆指向約八點二十分或四點四十分的方向，其中二件時鐘的樣式雷同，但刻度的時間卻相反，另一件紙錢的時鐘則指向十點五分的方向。

相似的角度究竟代表了什麼意義？如果注意到當代的鐘錶行或是型錄照片，可以發現常見指針位置約在十點十分左右，但從天美時（TIMEX）一九四九年至一九七〇年的型錄來看，可以發現一九六〇年以前的指針，以八點二十分或四點四十分左右的位置為主，到了一九六〇年代則轉為一點五十分，一九七〇年代後逐漸以十點十分為主。從在八點二十分與四點四十分，以及一點五十分與十點十分這二組時間的差異，僅在時針與分針位置對調。從館藏更衣印版和紙錢中的時鐘時間來看，或許可以反映出製作者生活的年代，並將其對於時間的印象融入圖樣中而留存至今，成為另一種時代的時間印記。

本件木刻更衣印版上半右起：時鐘、尺、衣、褲；下半右起：菸斗、剪刀、鍋／碗、筷。本件款式與右圖接近。（館藏號 2004.028.1197）

本件木刻更衣印版分為左右兩版，上半右起：時鐘、尺、衣、褲；下半右起：湯匙、剪刀、鍋／碗、杯、筷。兩版的衣褲款式不同，二個時鐘的數字皆 3/9 顛倒。（館藏號 2004.028.1190）

2 要送就燒最新的

更衣中的生活必需品圖樣，除了時鐘以外，還有洗衣機、電視機、收錄音機、電風扇及電冰箱等電器用品，仔細觀察印版的雕刻細節，可以發現這些電器的特徵，如雙槽洗衣機、旋鈕式電視、卡式收錄音機、按鍵式方形底座電風扇等，都是極為具體的形象。

這些形象可以帶給我們什麼樣的訊息？以電視為例，一九七三年以前，旋鈕式選臺電視為主流，一九七四年出現按鍵式選臺器，一九七七年後旋鈕式選臺消失。卡式錄音帶及錄放音機則是飛利浦公司（Philips）於一九六〇年代推出，手提收錄音機流行年代則大約是從一九七〇年代初期，直至一九九〇年代晚期。另外，從臺史博館藏的一九七一年的《華視週刊》封底大同產品廣告，則可以看到雙槽洗衣機和方形底座的按鍵式電風扇；方形底座的電風扇流行年代則大約在一九六〇至一九八〇年代左右。

透過比較更衣中的家電圖樣，以及現實中產品造型、品牌商標的年代對照，大約可以知道臺史博所藏印版製作的時間應該在一九七〇至一九九〇年之間，另外二件紙錢的年代應該比印版更晚，而這些圖樣所帶出的年代脈絡，正好反映家電用品已普遍存在於一般民眾生活中，成為日常生活必需品的一部分，匠師在製作更衣版的符號時，也會參考時下的物質演變，製作符合時代的新式家電設備，以滿足當下的祭拜需求。

延伸閱讀

- 施晶琳，《臺灣的金銀紙錢——以臺南市爲考察中心》。臺北：蘭臺，二〇〇六。
- 林育本，《臺灣祭祀紙錢圖像之研究》。高雄：樹德科技大學應用設計研究所碩士論文，二〇〇三。
- 張懿仁，《金銀紙藝術》。苗栗市：苗栗縣政府，一九九六。

➊ 更衣印記。上版左半圖案有：雙龍搶珠、衣、褲、桶。上版右半：斧頭、剪刀、刀具、杯、梳、篦、靴、熱水瓶、桶。下版左半與上版圖樣種類相同，下版右半：時鐘、電視機、洗衣機、收音機、桶、鍋灶。下半部的圖樣與右圖和本文一開始介紹的更衣接近，但圖樣的造形已趨向平面化的線條，整體的風格上趨近於一致。（館藏號 2003.024.0172）

➋ 更衣紙錢印記。左半：雙龍搶珠、衣、褲、裙、桶；右半：時鐘、帽、傘、卡式收錄音機、電冰箱、洗衣機、電視機、電風扇、梳、篦、鍋灶。整體圖樣的配置及造形相較於左圖，更與本文一開始介紹的更衣接近，偏向立體的具象，但細節已較為省略。（館藏號 2003.024.0173）

➌ 1971 年的《華視週刊》第 3 期封底大同產品廣告。（館藏號 2003.009.0064）

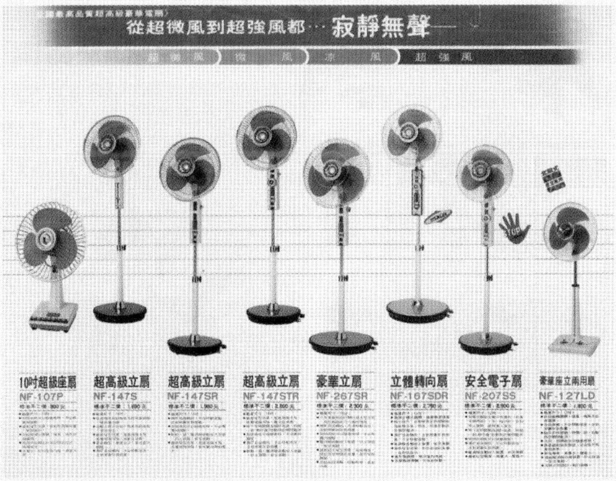

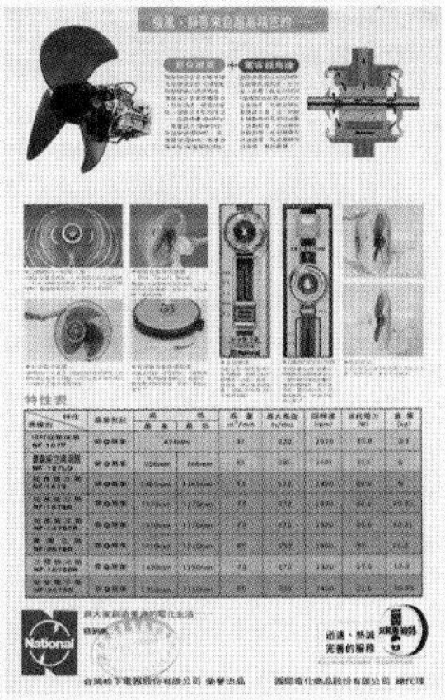

➍ 東隆電器廣告單，圖中國際牌的商標是 1973 年開始啟用，廣告單內的按鍵式方形底座電風扇應是 1973 年以後的產品。（館藏號 2006.002.0772）

05

時間流轉的祝願

鳳山鄭家的墓碑

館藏號 2011.014.0001（鄭明裕、鄭敏聰先生捐贈）
年代 1838 年
材質 石質
尺寸 126 公分 ×61.5 公分 ×13.8 公分

鳳山望寮角墓石重光

二〇一一年七月，鳳山的鄭敏聰和鄭明裕先生二位堂兄弟，將家族墓園內尚存的一塊墓碑和附屬的墓器文物捐予臺史博；墓園座落在高雄市大寮區後庄與鳳山區埤頂之間，舊地名望寮角。這批文物，主要是一件道光年間的墓碑，含括石製墓手構件木筆柱四支、印斗柱二支、菱形金剛鎚三支，連同大正年間裝飾瓷磚一塊，合計有十一項。墓碑本體由整塊的泉州白石雕成，墓碑碑頂飾有福蝠紋，兩側肩石的形制上雕有螭龍紋飾。

墓碑亦稱墓牌、墓表，爲墓園最重要的部分，爲永久留存，幾乎皆以石材製成。臺灣最常見的形式是以三片石板拼成，中爲碑心，兩側爲肩石，稱爲三合碑。墓碑碑心刻文中題爲墓主祖籍地、性別、姓名、世代、諡號、頭銜，左題爲立碑年代、墓主卒年，右題爲墓主後代及立碑人名。兩側肩石又稱墓耳、翅仔，通常頂部爲弧形，拱護碑心。

這塊墓碑最大的特色即是碑心與肩石以同一塊石材刻成。碑心中題「長泰　顯考恪恭鄭公　妣淑貞楊氏　墓」，左題「道光戊戌年菊月置」（即道光十八年農曆九月建立），右題「男　天助、天送　孫　光力、

望寮角墓園在日本時代增添的裝飾瓷磚。

媽春、長益、媽顯　仝立石」。碑心兩側刻有對聯框裝飾，碑頂爲雙蝙蝠拱壽字紋。

作爲墓地營造構件墓手的石柱，原先被埋置於鄭家望寮角墓園之內，整地時被挖土機所挖出，根據石材紋理質比對，與泉州白石的墓碑材質相似，應該是相近年代的文物。石柱部分是臺灣早期有相當規模的墓園中才有的構件，不同於十九世紀後墓地上大量出現的石獅造型柱頭或是燈籠的柱頭，這批文物則用筆型、印斗造型的石柱作爲墓手伸展擴張的中柱，營造出墓埕格局，象徵包納財富與權勢之意。

墓碑裡家族世代交會的時刻

墓碑通常是以厚實的石材製成，表面有墓銘，刻寫著逝者的姓、生卒年月日及立碑的後代子孫姓名等，具體可見家族世代交會的痕跡。

傳統的風水觀念認爲先人葬於風水絕佳之處，能福蔭子孫，環境形勢及方位最好能背山面闊（水），一般農家常葬於自家的田園之中，但是有名望的家族卻能營建家族墓園與祠堂，因此墓園與祠堂的營建、墓碑的構作，乃至於族譜的流傳，反映的是家族世代與歷史時間的對話。

墓園與墓碑在常民的想像中常是避諱不吉的，然而在時間的流轉中，所傳下來的，就像鄭恪恭夫婦墓碑上所書的對聯：「地卜牛眠家業振／穴封馬鬣姓名香」，卜算出風水寶地，蔭佑子孫，祈願宗業興盛，祝禱家名流芳，是先人對後代子孫的祝願。家族依據風水建構的墓地提供一種擴大宗族內部統合，重新凝聚族人向心力的文化資源。

草店尾鄭氏家族的「重振家聲」

隨著墓石重見光明，一個移墾家族在鳳山平原上築夢踏實的家族故事，也就進入我們的視野。

草店尾鄭氏家族的祖籍爲福建漳州府長泰縣，開臺祖鄭源泰幼年父母雙亡，於一七六〇年（乾隆二十五年）偕同胞弟乾生渡海來臺發展，選擇下陂頭街開設源成和商號，矢志經營，奠定了草店尾鄭家的基業。

鄭氏二、三世祖入仕出將，一爲塾師、一爲武官，二世祖鄭海量還列名一八三五年（道光十五年）捐資重修龍山寺的碑刻中，家族崛起的速度相當快。而從家族婚配的趨勢中也反映出道光中葉之前，鄭家從事的是鳳山縣城周圍農業經營的活動，族內結婚的對象也多來自鳳山、大寮一帶；第五世以後便集中到打狗與鳳山間大港埔、草衙、苓雅寮一帶，顯示家族勢力的擴展。

墓碑碑心與對聯。

1835 年鳳山龍山寺「重修龍山寺碑記」。鄭海量為鳳山草店尾鄭家開臺二世祖，1835 年鳳山龍山寺重修時，曾捐銀 10 兩。

《臺灣鳳山草店尾源泰公派下鄭氏宗族譜》序寫道：「座落在高雄市大寮區後庄與鳳山區埤頂之間，靠鐵路附近，舊地名望寮角，有一處三分多之墓地，是為我家鄭氏祖先先靈安息之地。查該墓地代代相傳至今已有一百九十多年歷史。」透過捐贈者的娓娓道來以及鄭氏宗族譜的翔實記錄，打開了家族的歷史之門。這本由族親一手統籌的族譜，仍是期望後世子孫能以前人為榜樣「重振家聲」，內容除略傳、淵源考、祖考族譜外，包含豐富的參考文獻，舉凡分家鬮書、地籍謄本、戶籍謄本以及相片等。尤其是參考文獻的資料反映著該家族於清朝與日治時期於鳳山地區孜孜營生的家族活動資料。

根據族譜收錄的一八一〇年（嘉慶十五年）鄭家鬮書記載：「明買過戴祥老田併園陸分，該契面銀壹百員，在望寮角。又抽出張子督明契內田寮、瓦厝壹座併園粟埕以為公館。」是望寮角墓園最早的記載。

一八一〇年這一年也是鄭家第一次開枝散葉、鬮分家業的時間，一世祖尤氏滿娘將源泰公之遺產，除保留祭祀公業、養贍、還債等項外，其餘悉

68 Kyujo (Old castle), Takao. (臺灣高雄) 舊 城
高雄の北方にあり今は全く廢墟になつて居りますが宏壯なりし昔が偲ばれます

● 日治時期發行的鳳山縣城明信片，牆前可見護城河遺跡。（館藏號2001.008.0569）

數配作四房均分。從鄭家於一八一〇年第一次分家與一八四〇年（道光二十年）第二次分家，族譜收錄的二份鬮書中可以看出家業積攢的內容。

鄭家除了少部分的田園是由自己直接繳納正供，其他的田園幾乎都是需要繳納大租租穀給大魁堂、施將軍、郡城三官堂、佘頭家等單位，糖租部分也是要繳給鄭頭家、戴和等戶名租糖，也藉此確認草店尾鄭家小租戶的身份。鄭家的田園幾乎全都是水田爲主，雖然大租戶依舊占著地主的名義，可是實際上操作田園經濟的卻是由商賈向田地投資的小租戶，鄭家正是這類握有眞正經濟實權的移墾家族。

隨著家族墓園的建置，映對出草店尾鄭家圍繞著祭祀公業展開的一連串家業擴張的活動，也見證鄭氏家族在鳳山地區的開枝散葉的歷史過程。（林孟欣）

2

1

本件墓碑的肩石，上有浮刻軟團螭龍圖案，拱護碑心；螭龍又稱為螭虎，乃「龍生九子，未成龍」之一，也稱「夔龍」。在青銅器的裝飾上，夔龍紋是主要紋飾之一，形象多為張口、卷尾的長條形，外形與青銅器飾面的結構線相適合，以直線為主，弧線為輔，具有古拙的美感，是傳說中的瑞獸，代表祥瑞，在墓園風水營造上有鎮惡、辟邪之意。

06

編織族人們走過的時間

潘再賜編錄埔里愛蘭潘家世系圖表

館藏號 2019.035.0018（潘怡宏先生捐贈）
年代 1945 年後（二戰後）
材質 紙質
尺寸 47.5 公分×58.2 公分×2.2 公分

家族故事，不是原本所想的那樣

一九七〇年代初，臺北市林森南路上的黎明文化大樓裡，高中生潘怡宏瀏覽著架上各式書籍。他翻到一本名爲《五百年前是一家》的書，裡頭是中國各家漢姓的源流簡介。出於好奇，他找了寫自己「潘」姓的篇章來看，內容大致是：潘姓是黃帝軒轅氏後代，中國北方可溯自周文王後代，南方則多源於楚國，而漳州、安溪等地也有很多潘姓人士移墾臺灣等等描述。

在此之前，潘怡宏沒有多想過家族的故事；而循這文字一讀，他覺得找到自己祖先的由來了。回家後，他高興地向父親潘再賜分享讀書心得，想不到父親態度意外冷淡，接著說：「其實我們家族與中國大陸潘氏無關，而是臺灣南投埔里的 Pazeh。」

「父親講的怎麼跟書上不一樣？那潘家祖先究竟是誰？」父親的回應，讓潘怡宏感到無所適從，卻也引發了對家族過往的好奇，因而於心中種下追尋史事的種子。

之後，原本不太跟孩子提這類話題的潘再賜，開始會講有關 Auran Pazeh（烏牛欄巴宰）的故事。潘怡宏也開始蒐集資料，並接手家藏珍貴文物，慢慢拼湊族人的歷史、語言與生活輪廓。

當中，有一套很重要的資料，就是手繪潘家世系圖表。

遇見家譜

這套圖表，由尺寸相當大的四幅壁報紙構成。裡面包含兩個家族的資料，其中之一是潘怡宏自己的家族，最早從潘踏比厘（生於一八二七年）與潘肉力（生於一八三八年）夫婦記起，一直到二十世紀晚期的第七代，時間橫跨了一百六十餘年。

另一個也是潘姓的家族，最早從十九世紀初期的潘武干畫起，直到一九六〇年代的第七代，同樣也橫跨一個半世紀。潘踏比厘家譜裡爲什麼會有別人家的資料？這可能是因爲潘踏比厘家第四代的潘明文與潘武干家的潘阿月結爲伴侶，卽爲潘再賜的雙親，所以潘武干家的資料也在二十世紀某個機緣下被蒐集進來了。

這些圖表都是由潘再賜手工繪成。紙面上，可見有淡淡的等距橫排細線打底，以及不同顏色原子筆所譜寫的世系圖。看起來，潘再賜在下筆繪製前就已先整好資料，並預先計算好整個排版與格局，才能讓整幅圖呈現得如此工整。

這些家系資料，據說是整理自更早的一份家譜；可惜的是，那份古譜現在已不知下落。不過這至少可確定，潘家很早就在編寫自己家譜了，傳到潘再賜手上後，再增補與改繪成家族樹（family tree）形式的圖表。

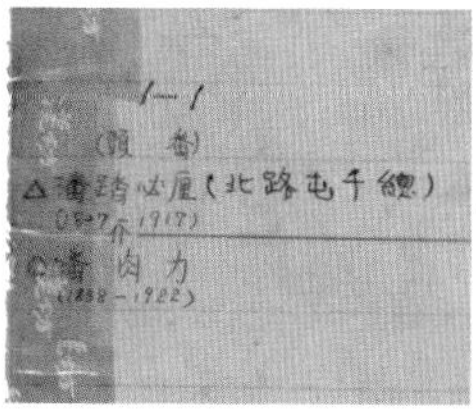

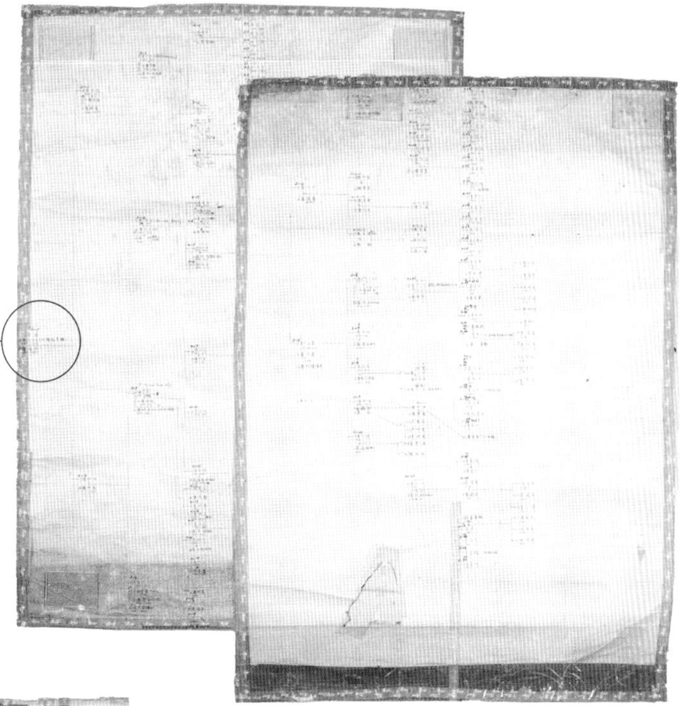

世系圖表的潘踏比厘家譜部分，以兩大幅壁報紙編寫而成。（館藏號 2019.035.0018）

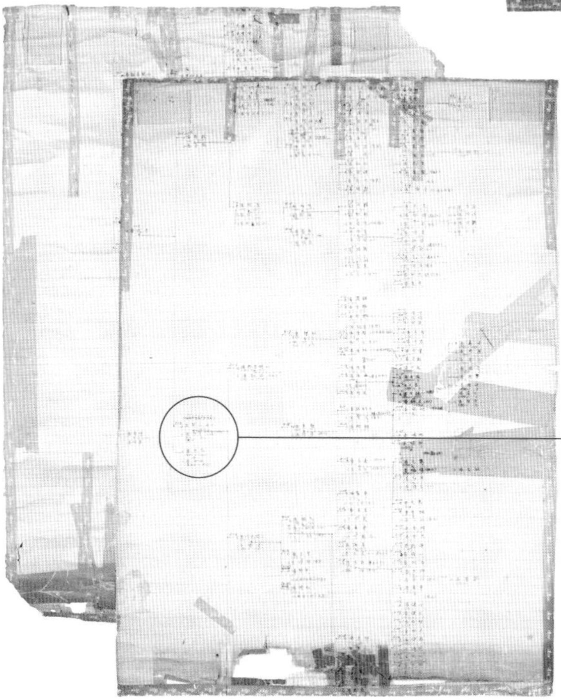

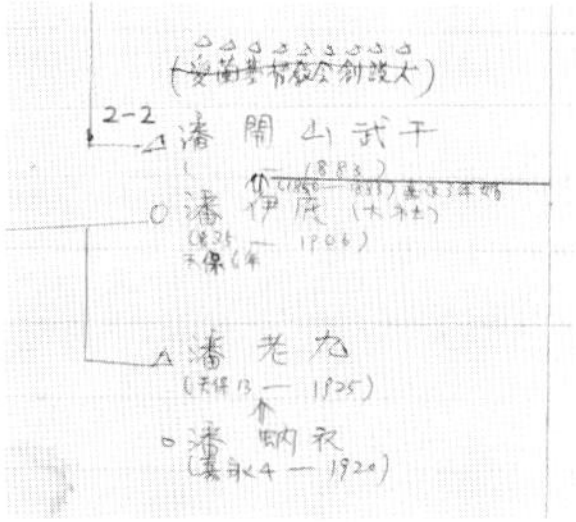

世系圖表的潘武干家譜部分，亦同樣以兩大幅紙編寫。（館藏號 2019.035.0018）

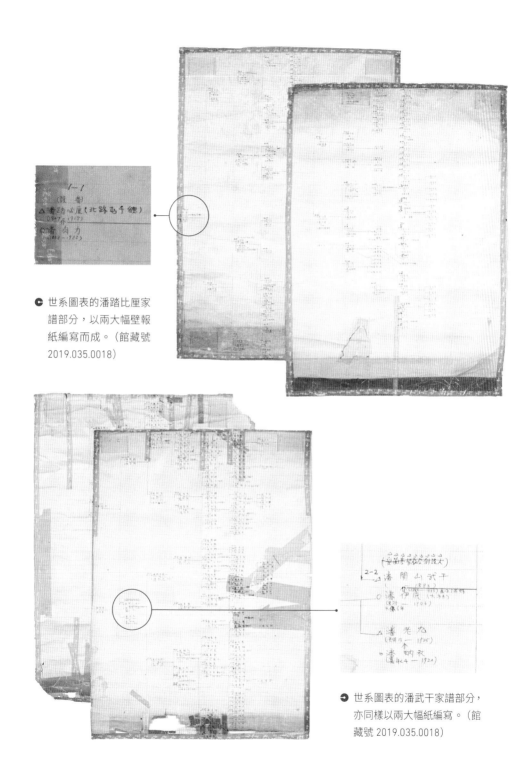

圖譜裡的生命與時代足跡

若展開這套圖表，就會看到每一位族人的名字、生卒年份、家庭關係線條等資訊，都詳盡地記載其上；而兩個潘家的大致發展情況，以及他們所身處的時代背景，彷彿也隨之浮現。

潘家所屬的烏牛欄部落，原本位於今天臺中豐原市街南側一帶。十九世紀前期，在漢人社會的擠壓下，族人漸次離開家鄉，東遷埔里盆地，落腳在南港溪畔的鐵砧山（今南投縣埔里鎮愛蘭里）另啟新生活。

潘怡宏家譜上記載最早的族人潘踏比厘，就誕生於這段時期。身爲部落的頭人，他既處理部落事務，也帶領族人支援清朝官府平定動亂，因而在「番屯」體系中擔任軍官要職，一八八六年升至等級最高的北路屯千總，在遷徙時代裡尋得了安身立命之道。

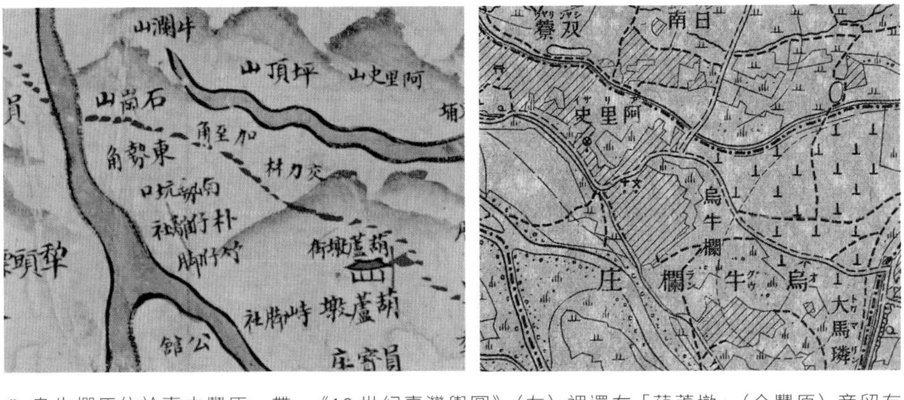

烏牛欄原位於臺中豐原一帶，《19 世紀臺灣輿圖》（左）裡還在「葫蘆墩」（今豐原）旁留有「〔烏〕牛瀾山」的地名；而在 1904 年《臺灣堡圖》（右）裡，則在埔里盆地西南側鐵砧山一帶有「烏牛欄」之名，是 19 世紀族人東遷進入埔里後形成的聚落。（館藏號 2018.011.0001、2006.002.1507.0015）

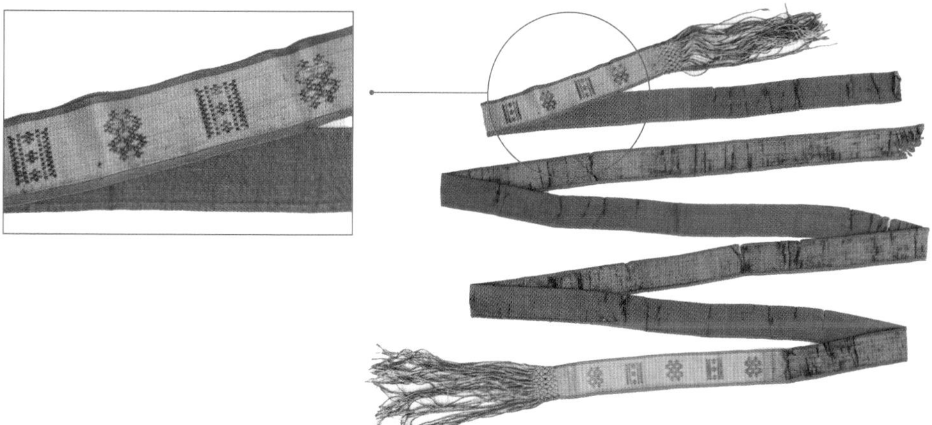

潘踏比厘所使用的頂戴及補服等，是他在一八八〇至九〇年代擔任六品武官職務期間所使用之物。（館藏號 2019.035.0002、0003）

巴宰族男子腰帶，兩端以流蘇為飾，表面仍可見有菱形等傳統幾何織紋，據傳為潘踏比厘所用舊物。（館藏號 2019.035.0006）

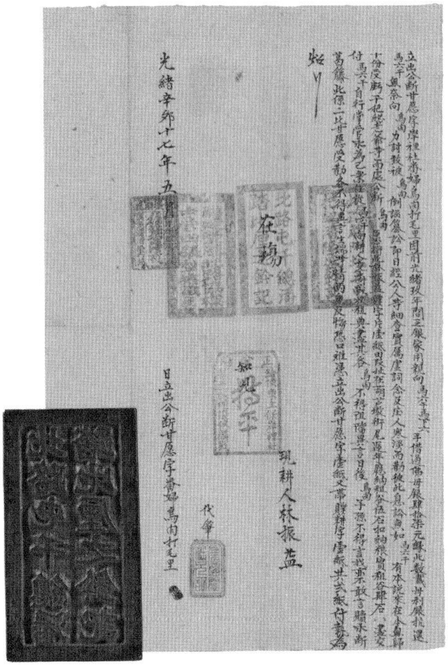

- 19 世紀後期，潘開山武干將基督教帶進烏牛欄部落，族人們就此開始聚會敬拜，此即為愛蘭基督長老教會的前身。今日教會仍座落在愛蘭社區內，是在地教友的信仰中心。（蘇峯楠攝）
- 1891 年，潘踏比厘參與一件族人之間金錢借貸糾紛事件的協調工作，並以在場見證者之姿，於這件「公斷甘願字」文書蓋下「北路屯千總潘踏比厘之鈐記」的官印。可能因兼具耆老與官府公職的地位，部落事務仍需潘踏比厘出面。（館藏號 2020.006.1546、2019.035.0001）
- 攝於 20 世紀初期的潘踏比厘，胸前別有臺灣總督府頒贈的紳章。不論清朝或日本統治時期，潘踏比厘皆與當局維持密切關係，在遷徙與鼎革的大時代中，為自家及族人尋得安身立命之道。（出自《臺灣列紳傳》，館藏號 2020.032.0295）

而在潘武干家譜上記載的潘開山武干，也是一位影響部落的關鍵人物。他因爲在府城（今臺南）接受馬雅各（James Laidlaw Maxwell）醫師診治而初次接觸到基督教信仰，也把福音帶回部落傳播，引起大家的興趣，繼而搭蓋草屋相聚敬拜，成爲族人信仰基督的起點，譜上也可看到特別註記他是「愛蘭基督教會創設人」。

類似這般線索，都可以從這套圖表開始尋起。它譜寫的不是冷硬的資料，而是每個族人的生命及其時代足跡。

始終未消逝的家族時光

在父親潘再賜之後，這套圖表由潘怡宏承接。他也跟著繼續增修內容，還用電腦繕打成電子版，放在「潘踏比厘的家族網站」（https://tapileh.weebly.com）供大家閱覽。網站的設立緣起如是說：「除做爲家族連繫管道，也期望藉此凝聚向心，讓身爲潘踏比厘後裔的我們，生生世世，永不忘本。」因此，這套家譜不僅有了新的形式，更被賦予凝聚族人的期許。而那四大幅紙本圖表，至此完成了階段性任務，潘怡宏在二〇一八年將它們交給臺史博悉心典藏。

臺灣原住民本有歌謠、傳說、儀式、工藝等傳承先人故事的方法；與漢人接觸後，也有比照漢人的漢字族譜來記事的，這應該就是原先潘

潘踏比厘的家族網站

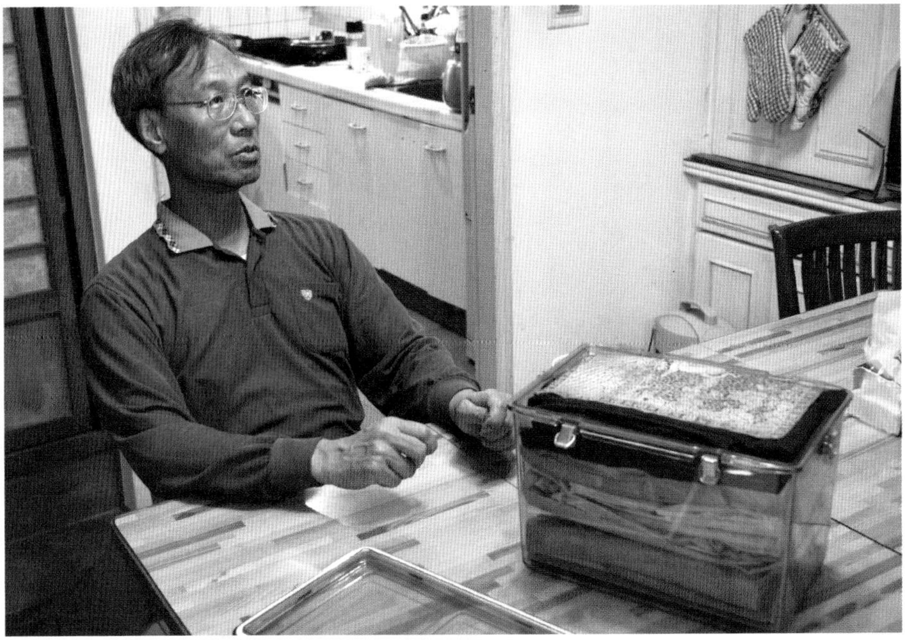

2018 年，潘怡宏先生決定將潘踏比厘官服等珍貴家藏文物交予臺史博妥善典藏。在文物的面前，他娓娓道出文物背後的家族故事與記憶。（蘇峯楠攝）

家古譜的起源。至於潘再賜的大壁報紙手繪圖表，或者潘怡宏的數位資料，媒材雖不盡相同，也都是以不同時代的技法，持續編織史事，實踐族人的記憶傳統。

臺灣西半部地區的原住民，也就是大多數日後被俗稱為「平埔」的人們，因為頻繁接觸外來人群，生活文化很早就產生變化，更在二十世紀起身影逐漸模糊消褪。直到一九八〇年代，在「復振」名號下，族人才重頭追尋自己的身世。

然而，這並不代表平埔原住民完全消失在歷史洪流中。許多族人在特定時空環境下難以開口發聲，甚至遺忘家族的過去，但這幾幅泛黃的圖譜告訴我們，也有族人持續不輟地記住大家在這塊土地上的共同圖像，以及自己是誰。

譜在圖紙上的家族時光，也許曾經短暫凝結，但被持續傳承、沒有消逝，更成為了未來族人追尋自家歷史、凝聚族人意識的能量。（蘇峯楠）

延伸閱讀

・賴永祥，〈烏牛欄潘開山武干〉、〈尋找開山武干之裔〉，收於賴永祥，《賴永祥文集第二冊．教會篇II》。臺南：國立臺灣歷史博物館、財團法人台灣基督長老教會台灣教會公報社；臺北：台灣基督長老教會總會教會歷史委員會，二〇一八，頁二〇—二一、六一—六二。

・蘇峯楠，〈見證時代鉅變——潘踏比厘的六品武官補服與鈐印〉，《Watch Taiwan 觀．臺灣》四十六期（二〇二〇年七月），頁五八—六一。

・洪麗完，《熟番社會網絡與集體意識：臺灣中部平埔族群歷史變遷之考察（一七〇〇—一九〇〇）》。臺北：聯經，二〇〇九。

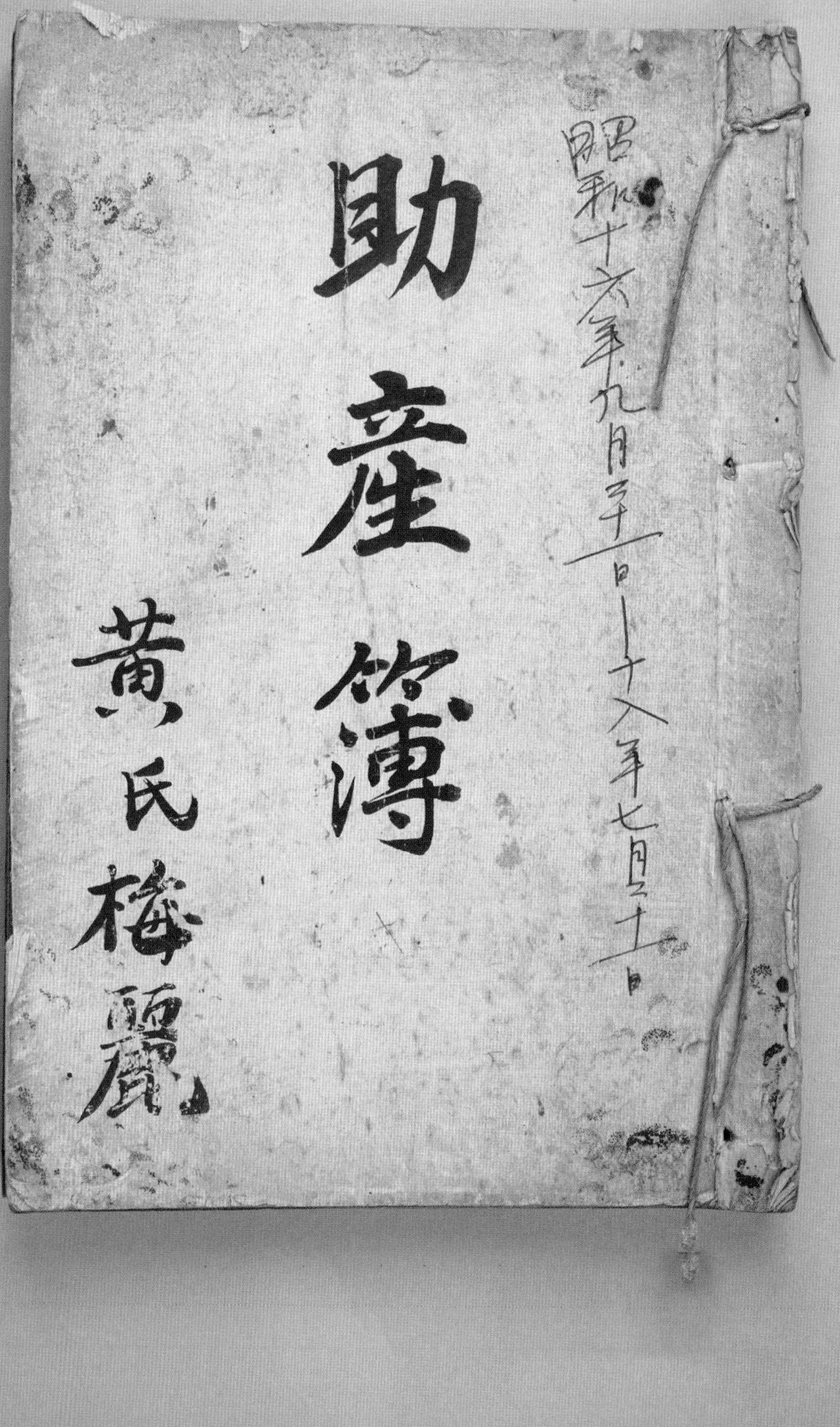
助產簿
黃氏梅麗
昭和十六年九月三十一日－十八年七月二十一日

07

摩登女性，產婆軌跡

黃陳梅麗的助產工作簿

館藏號 2020.003.0001-2020.003.0061（黃澤洋先生捐贈）
年代 1941 — 1980 年間
材質 紙質
尺寸 16.2 公分×23.5 公分×1.7 公分

俗話說：「生有雞酒香，生無四塊板」，是形容女性分娩時，攸關生死的順產與難產情境。醫療技術不發達的年代，妊娠、生產期間具有極大的風險；正確逢時，才能換得母子均安。百餘年前，由年長女性擔任的穩婆、先生媽或產婆，便根據過往經驗，掌握時間與時機，扮演爲孕婦分娩的重要角色。日治以降，現代化過程中，女性接受專業教育，不再只是傳統社會裡的附屬，有更多機會提升自己，爲社會貢獻一己之力。替人接生的傳統產婆，從事看護婦、助產士等工作，逐漸被社會認同，具有專業技能的職業女性。

一九〇二年，日本頒布《產婆取締規則》，說明擔任「新式產婆」的條件，須年滿二十歲的女子，通過助產訓練或產婆試驗，並取得證照，方可申請營業，但此時仍以日籍人士爲主要培訓對象。一九〇七年，頒布《助產婦講習

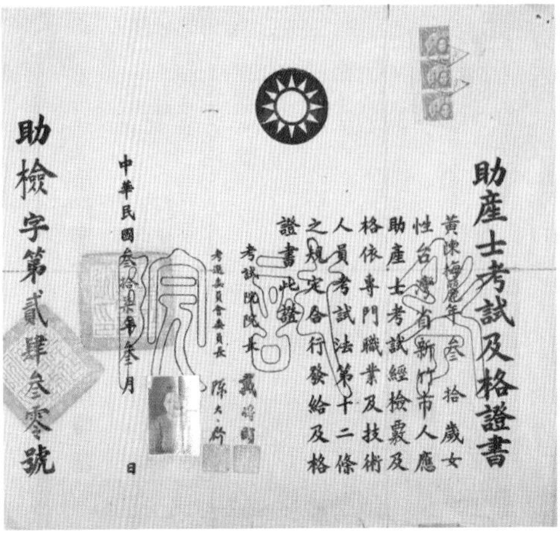

助產士考試及格證書

黃陳梅麗年叁拾歲女性台灣省新竹市人應助產士考試經檢覈及格依專門職業及技術人員考試法第十二條之規定合行發給及格證書此證

考試院院長 戴傳賢

考選委員會委員長 陳大齊

中華民國叁拾柒年叁月 日

助檢字第貳肆叁零號

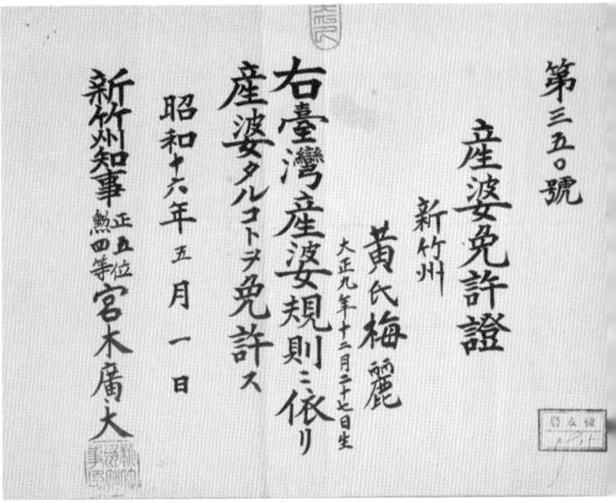

第三五〇號

產婆免許證

新竹州

黃氏梅麗

大正九年十二月二十七日生

右臺灣產婆規則ニ依リ

產婆タルコトヲ免許ス

昭和十六年五月一日

新竹州知事 正五位勲四等 宮木廣大

➲ 黃陳梅麗戰後取得的助產士及格證書。（館藏號 2020.003.0086）

➲ 黃陳梅麗日治時期的產婆許可證。（館藏號 2020.003.0084）

生規程》後，規定臺北醫院可另以公費方式招募臺籍女性，設置產婆速成科。戰後，將「新式產婆」名稱改爲「助產士」，以換證方式重新頒發臨時證書，經考試合格，則換頒正式證書。

助產士的隨身筆記

館藏文物中，有不少「產婆免許證」、「助產士臨時證書」及「助產士證書」等個人修業或執業證書，佐證日治時期與戰後政府爲了降低嬰兒死亡率，而改良產婆技術，並促使臺灣女性投身助產的歷程，也是臺灣醫療走向現代化的鮮明紀錄。

博物館庫房中便有這麼一大落陳舊筆記，記錄著數十年專業助產工作路上，可見可觸的風光。故事的主角是黃陳梅麗，一九二〇年出生於臺北。十七歲時，她考入臺灣第一所私立產婆學校——由張文伴醫師所創立的「臺北州蓬萊產婆講習所」。畢業之後，通過臺灣總督府產婆檢定，取得合格證書。十九歲結婚，遷居新竹，年滿二十歲，便開始正式執業，二十二歲於新竹北門街開業，從事助產工作，直至六十五歲退休，超過四十年的執業生涯點滴，都承載在這六十四冊的筆記本裡。

筆記依照開本大小，分作兩種：一種是十六開左右的助產簿，即工作紀錄簿，另一類則是口袋大小，便於攜帶的小筆記本。小筆記本上頭的紀錄多以鉛筆潦草書寫，內容呈現豐沛的日常面貌。原來，黃陳梅麗女士總習慣在外出助產出診時，隨身攜帶筆記本，快速記錄每回接生的情形，包含時間、地址、產婦姓名、分娩次數與特殊情況。返家後，再以原子筆重新謄抄於助產簿中；因此助產簿的工作紀錄，多半保持工整、清晰、完整且嚴謹的資訊。

小筆記裡同時也隨手勾勒著她的生活點滴，例如家庭狀況、收入支出、統計數字、教會地址、收

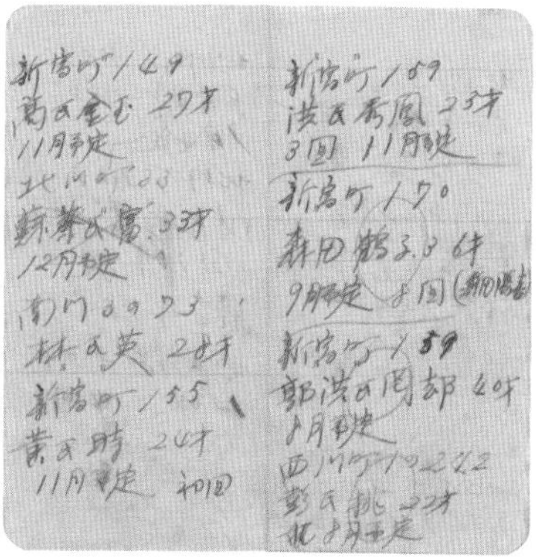

➲ 隨身筆記所載的預約名錄。

➲ 黃陳梅麗 1941 年 9 月 21 至 1943 年 10 月 15 日的助產士小筆記本，使用的是大東信託株式會社贈送的小冊子。（館藏號 2020.003.0001）

費收據、產婦預約名單以及個人記事。部分小筆記本別出心裁，特別以花布裝飾，或留下當時的商標貼紙、舊時人際網絡或醫藥廠商所提供的名片等。從這些紀錄，我們得以更能理解這位從日治時期卽展開職業婦女生涯的產婆阿媽。

我們稍加檢視這些小筆記的內容，可獲得更多有趣的線索。例如，我們發現她通曉多種語言，像是日語、漢語、臺語，也有以白話字書寫的部分。助產接生的資訊，多以日文和中文記錄，另外使用白話字書寫個人生活記事，自幼在基督化家庭長大的她，因此學會鋼琴、風琴與口琴。

助產簿中盡責與專業的身影

十六開的助產簿裡的每一頁則都是工整、清晰的字跡，格式化的書頁以原子筆記載著協助生產的對象資訊，包含每一次助產的日期、地址、產婦姓名、分娩次數、分娩經過，以及初生兒健康情形。

透過助產簿的呈現內容，我們可以窺見政府如何透過種種規章，精確掌握人口數量。日治時期的助產簿仍由地方警察署定期查驗，因此簿中紙頁不僅蓋有新竹警察署印、日期章，爲避免被抽換，封面內頁和封底皆記載全本頁數，每頁均蓋有騎縫章，部分內頁尚存有當時查核日期與查驗人員的職章。這些規則，不僅成爲現今臺灣戶政制度的基礎，更清楚展現國家介入醫

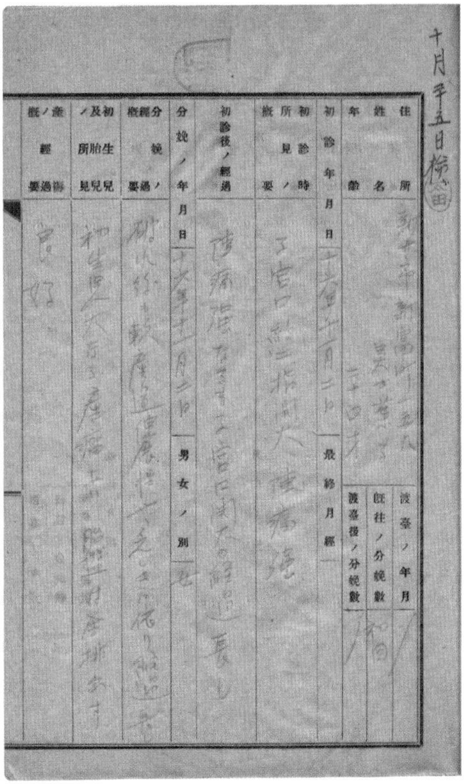

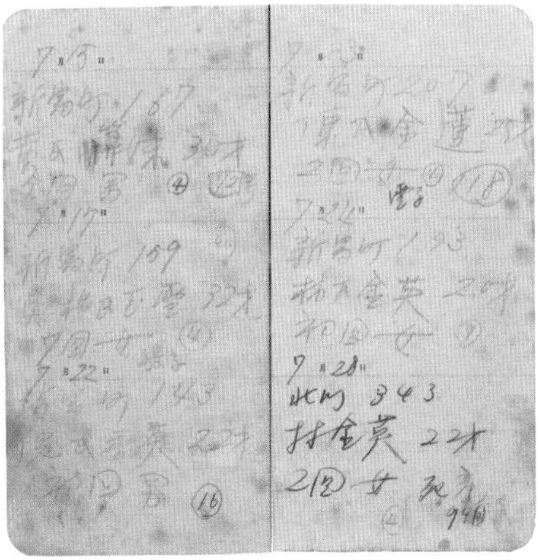

- 隨身筆記中的助產對象資訊，包含日期、地址、姓名、分娩情形等。（館藏號 2020.003.0001）
- 黃陳梅麗重新謄抄的正式工作紀錄，日治時期由地方警察署定期查驗，因此蓋有新竹警察署印。（館藏號 2020.003.0033）
- 黃陳梅麗隨身攜帶的助產箱，包含（嬰兒）磅秤、托盤、剪刀、止血鉗、量尺、聽診器、藥水、紗布、臍線、肥皂、棕刷、指甲剪、鴨嘴鉗等，所需物品一應俱全。（館藏號 2020.003.0062）

療人員體系的過程。

到了戰後，助產簿則不復見諸多查核印記，反倒為因應統一的出生證明書格式，逐漸對新生兒父母的戶籍地址、身分證字號等基本資料，記錄得更加詳盡。

從這些積年累月的筆記來看，黃陳梅麗是位認眞盡責、一絲不苟的工作達人。不僅如此，還十分善於理財，因為每一筆助產資訊，她都留下了收費紀錄，每個月進行一次數字統計，確認當月的收入。例如，一九四四年間，雖已深受戰爭膠著所苦，但她的小筆記本顯示該年收入共計一千四百五十圓，平均月收入尚有一百二十圓。如果我們對照一九三七至一九三八年臺灣總督府對臺灣領薪階級及勞動者所進行的家計調查，可知當時社會中產階級普遍月薪多介於四十至一百五十圓之間。如此看來，她似乎還是位高收入的職業婦女呢！

產婆阿媽的筆記之所以驚人，不僅是因為呈現臺灣生產照護體系與國家戶政制度的變遷，作為第一手職業技能的史料，它亦是助產工作者重要的生命見證，小筆記本中記載的家庭情況、收入支出、手帳中黏貼的商標、附錄的各式節日與度量衡表等，亦足資探究日治時期至戰後，臺灣人在社會、經濟、生活、文化上的各種交織與脈動。

摩登新女性

說到這裡，該如何想像這位跨越時代產婆阿媽的形象呢？每位看似平凡無奇的臺灣女人，她們所經歷的精采人生與其展現的多元面向，超乎眾人想像。除筆記本外，阿媽捐贈的老照片裡，一張身著西裝、中性扮裝的沙龍照，眼神中透顯出信心與力量，可見年輕時期的 Mary（阿媽的英文名），絕對是位走在時代尖端，前衛摩登新女性呢！（林奕君、劉維瑛）

黃陳梅麗少女時期所拍攝的沙龍照，繫著領帶，戴著一頂帽子，身穿西裝外套。（館藏號 2020.003.0033）

主題二

生活與休閒

· 玉山衛生紙 ·

· 寄藥包 ·

· 牛鈴 ·

· 菊鷹牌腳踏車

· 朱漆雕花鑲大理石床板八腳紅眠床 ·

· 陸季盈一九四〇、一九四六年日記 ·

· 國民學校國語讀本暫用本初級首冊 ·

· 《王子》半月刊創刊號 ·

08

衛生紙的輝煌年代

玉山衛生紙

館藏號　2011.019.0038（郭双富先生捐贈）

年代　1946 － 1973 年間

材質　紙質

尺寸　17 公分 ×13 公分 ×1.4 公分

身世未明的蒐藏品

二〇一一年，臺史博獲得臺中民俗收藏家郭双富先生捐贈一批常民生活文物，這批文物類型繁多，其中包括一疊非常不起眼的薄紙。這疊紙外形呈四方型，紙質薄軟，顏色灰褐，肉眼細看可見許多雜質黑點；其包裝方式和拜拜用的金銀紙十分相似，分裝成小疊，四面用棉繩綑綁起來，表面附有一紙標籤，中央印有一藍色山形標誌，山的左右側及下方則印有「玉山」、「衛生紙」、「同益號特製」、「台北市環河北街二〇一号（十四号水門边）」等字。臺史博研究人員最初收到此件捐贈品時所知有限，只能從標籤上的文字與地址推測爲戰後初期的衛生紙，由於館藏當中尚無此類蒐藏，因此評估收入典藏，留待後續進一步研究。這疊不起眼的衛生紙隨後入藏臺史博登錄爲藏品，並公開至臺史博典藏網供民衆瀏覽。

網路揭開身世謎

二〇一四年底，一位新竹的謝孟眞小姐致電臺史博，她說她在網路 Google 搜尋到臺史博的這件玉山衛生紙，因家中早年即是生產此品牌的衛生紙工廠，長輩看到自家產品典藏於博物館感到十分欣喜，特別來電詢問這件藏品是否有展出。隔年一月，謝小姐的大哥謝豐益先生又特地到臺史博尋找這件藏品，但在展場沒有看到，因此留下聯絡資訊，並詢問此件藏品未來是否會展出，以及他能否帶家中長輩來館看件。謝先生與家人另外想要捐贈衛生紙廠所用的公司印章與家族相片給博物館典藏，於是典藏人員便安排了文物調閱，邀請謝先生一家來館參訪。

來訪當日的家族成員除了謝豐益、謝孟真兄妹二人外，還有兩人的配偶與子女，以及大姑余玉梅女士、叔叔余金山先生夫婦，一行十二人進到臺史博修護室看到玉山衛生紙，便高興地說「對！這就是我們家生產的衛生紙！」，並開始聊起過往的記憶與曾經輝煌的家族事業。

余添貴 1946 年於臺北大稻埕開設同益號紙行之公司印章，水牛角材質，印面刻有「同益號印」四字篆體字。（館藏號 2015.023.0001）

家族事業「同益號」

大姑余玉梅女士回憶說本家原是開衛生紙紙行，玉山衛生紙上的「同益號特製」指的就是她們家紙行「同益號紙行」，侄子謝豐益名子中的「豐益」二字也與同益號相關。「同益號」是父親余添貴（苗栗公館人）於一九四六年所創立，父親年輕時到臺北打拚，後來入贅母親謝罔市家，婚後共育有五子二女。戰後余添貴應友人邀約共同經營衛生紙業，當時的紙行，就

余添貴家族六人合照，拍攝年代為 1970 年春，拍攝地點為臺北市環河北街 201 號同益號紙行大門口。右二為創辦人余添貴，中央抱小孩者為其妻謝罔市，餘者為余添貴之姊妹。（館藏號 2015.023.0002）

1 太和紙工廠衛生紙，約與玉山衛生紙同時期產品，工廠位於臺北市漳州街 29 巷 14 號。（館藏號 2011.019.0037）

2 獅頭牌高級衛生紙，以天藍色紙袋包裝。（館藏號 2004.028.5006）

3 夜來香衛生紙塑膠包裝袋。夜來香衛生紙為 1960-1970 年代台中永昌造紙有限公司所出品。（館藏號 2017.014.0184）

開在衛生紙包裝標籤上印的這個臺北市環河北路二〇一號、十四號水門旁的地址。

父親經營衛生紙行的方式，是先向南投竹山經營紙廠的友人購入衛生紙半成品，再由臺北自家紙行裁切成需要的大小，包裝完畢後批發給各地零售商販售。創立初期，全家不分男女老少都得幫忙紙行事業，紙行主要聘請三至四名的工人專門負責裁紙，其餘子女負責衛生紙的分裝與包裝，余添貴與長子謝水樹、長孫則負責對外銷售、運送等事務。

據說，當時同益號紙行主要生產兩類產品，一爲「唐山紙」，是一種以竹子爲原料所製成的長方型黃色粗紙，經加工撕成細絲狀後，外層包裹棉紙成厚襯墊，爲早期婦女所用之衛生棉；另一種爲「衛生紙」，爲紙行的主要產品，此種紙主要作爲廁紙使用，質地較唐山紙柔軟，顏色較淡，但紙漿來源爲廢木紙漿，因此紙質多雜質。

回憶起在紙行工作數十年的歲月，余玉梅與余金山對衛生紙的包裝印象尤爲深刻，二人回憶說衛生紙是由他們目測大致厚度分裝成小疊再加以包裝，由於分裝時無特別秤重，所以每疊紙張數不一，包久熟練上手後，幾乎每疊都能維持一樣厚度。同益號衛生紙產品的包裝也歷經幾次改變，早期多以草繩綑裝，工廠購入曬乾的藺草，切除根部後浸水泡軟，再以人工將草桿剝細、搓碾成細繩。就如臺史博所收的這疊衛生紙一樣，早期衛生紙無特別的外包裝，只在正面放置一張自家設計與印刷的產品標籤，然後用草繩以十字綁縛即告完成（本件藏品之草繩在捐贈時已遭置換爲棉繩），販售時以十疊爲一落販賣。後來衛生紙逐漸講究清潔，外包裝增加了紙包裝完整包覆，紙包裝也都是手工摺疊與黏合，十分費工；到更晚期，塑膠工業興起，便改用塑膠套包裝。

同益號爲了增加產品銷售量，推出多種衛生紙品牌，包括「玉山」、「親親」、「夜來香」等，其中「玉山」爲第一代產品，也是最熱銷的商品。紙行生意最興盛的時候，銷售範圍遍及全臺，堪稱戰後初期臺灣最大的衛生紙中盤商。由於余添貴個性直率，不吝向朋友分享經營衛生紙事業致富的種種優點，大稻埕街上有許多是友人聽從他的建議後而開設的衛生紙行。雖然同行競爭增加，但余添貴並不以爲意，主要是因爲衛生紙屬於民生必需品，家家戶戶都要購買，消費市場大，當時甚至有人把衛生紙拿來當作禮品饋贈親友，可見衛生紙供不應求的盛況。

衛生紙產業的興衰

一九七〇年代，臺灣因國際發生石油危機而導致通貨膨脹，當物價上漲時，民衆預期物價持續上漲，因而搶購物資，而商家爲了賺取更大的利益開始囤積商品，而使物價上漲得更劇烈。當時許多衛生紙廠商也因此社會風氣影響趁機大量囤貨，欲從中牟利。但不料，一九七一年後，美國史谷脫紙業公司（Scott Paper Company）來臺投資，推出舒潔衛生紙系列產品，由於產品標榜使用原木紙漿（又稱處女紙漿）製造，質地柔軟潔白無瑕，加上砸下重金拍攝的商業廣告大量行銷，舒潔衛生紙逐漸獲得消費者的青睞，取得衛生紙代表性品牌的地位。由外資大型企業馳援的舒潔衛生紙從生產到銷售全部自行包辦，一般傳統中小型紙行無法與之匹敵，在囤貨過剩與業績衰退的雙重打擊下紛紛倒閉，同益號紙行也無法倖免，於一九七三年宣告歇業。

衛生紙是現代人的生活必需品，特別是在二〇一九年至二〇二一年新冠肺炎疫情爆發期間，世界各國民眾因爲政府實施封鎖政策而產生恐慌性的囤積心理，出現衛生紙搶購潮，更突顯出衛生紙的不可替代性。當某種食物被搶購一空，人們還可以選擇購買另一種食物，但是當衛生紙被搶購一空時，卻沒有別的商品可以替代。衛生紙不會過期，便宜又方便，無論囤放多久，總是會需要用到它。臺史博藉由各種衛生紙的蒐藏，除了讓民眾了解到臺灣家庭用紙的演進發展，更希望大眾反思，身爲現代人，你能想像生活在沒有衛生紙的世界是一個怎樣的狀態？衛生紙帶給人們的是不僅僅是如廁後的潔淨感與舒適感而已，更是滿足心理上的的現代生活感與秩序感。（葉前錦）

延伸閱讀

- 陳大川，《臺灣紙業發展史》。臺北：臺北市造紙公會，二〇〇四。

◇紙纖維的「命案現場」鑑定報告

前文提及，玉山衛生紙所用的紙漿來源是廢木紙漿，但具體而言，究竟裡頭有什麼，還是得要依靠科學的方式才能得知。進行「纖維鑑定」的過程，有點類似分屍命案現場的鑑定，因為纖維在造紙的過程中，已經被解纖、打散，所以，鑑識人員必須反覆在破碎的纖維中找尋跡證，利用纖維特徵進行判讀。

一般而言，會以纖維的寬度、長度和細胞特徵等型態判斷，自低倍率綜觀，乃至高倍率之特徵觀察，這邊簡單敘述分辨的幾項重點：針葉樹管胞纖維有交叉區紋孔，且管胞寬度較寬，平均寬度通常介於二十至四十微米之間，有些甚至更寬；而闊葉樹纖維會有導管及管胞，其管胞平均寬度約為針葉樹管胞的二分之一；木本植物（如青檀樹、構樹）的枝條則主要為韌皮纖維。韌皮纖維通常較細長，大約為二十微米以內，且不同種類的韌皮纖維各有不同。而更細緻樹種的辨別，則需有更大範圍的採樣及纖維觀察等條件搭配。

鑑識人員利用鑷子取集衛生紙邊緣細碎的纖維，採樣尺寸約介於半毫米乘以半毫米以內，接著進行解纖程序與顯微鏡觀察；經這次的分析結果，共發現針葉樹纖維、韌皮纖維以及疑似竹纖維等三種纖維，證實了玉山衛生紙所使用的「廢木紙漿」，混雜了針葉樹及其他植物纖維（木本植物與疑似竹類）；同時期的太和紙工廠衛生紙，也是一樣的紙漿配方嗎？則有待日後的比對和解答了。（鄭勤思、徐健國）

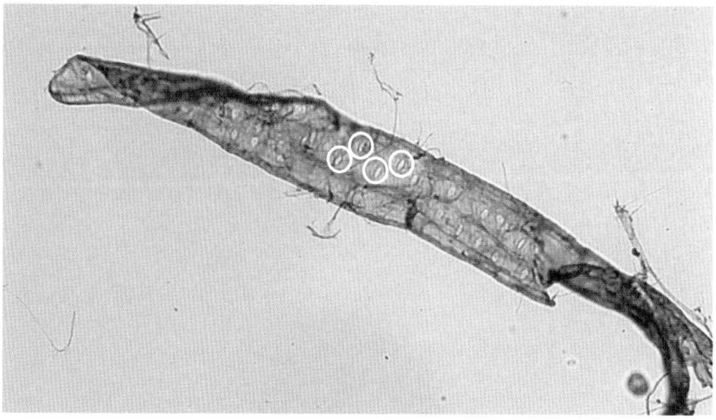

可觀察到明顯的交叉區（cross field）紋孔。

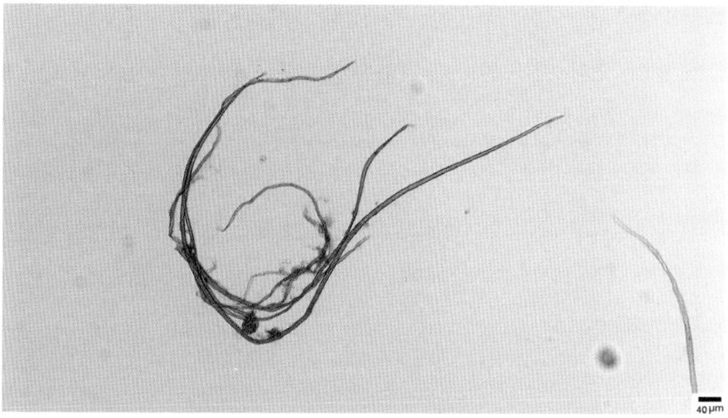

竹纖維特徵為壁厚，纖維通直。

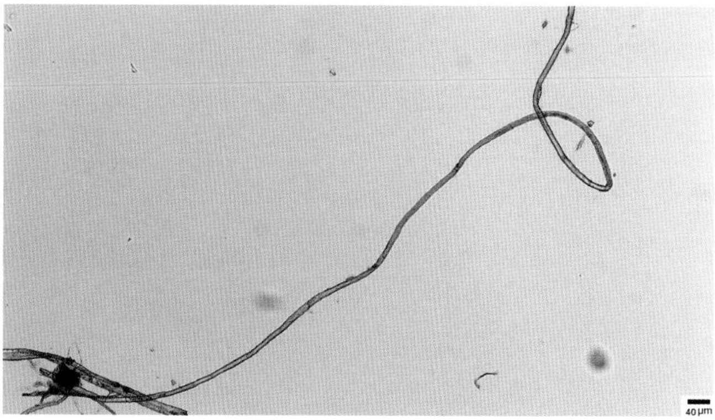

植物枝條上的韌皮纖維較細長，且易彎曲，長寬比為200以上，對比闊葉樹約為65至90，以及針葉樹100至150，對比差異甚大。

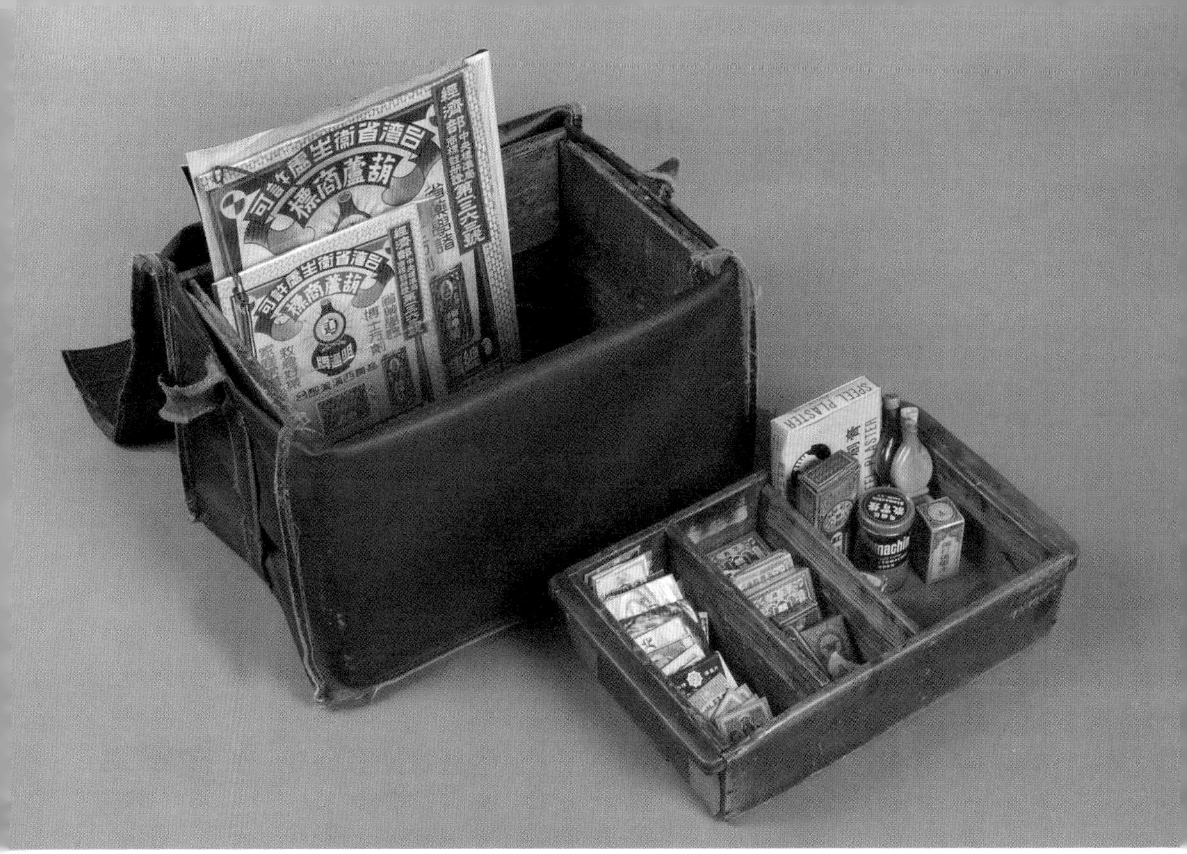

09

先用藥，後付款

寄藥包

館藏號 2010.031.0281
年代 1945 – 1970 年間
材質 複合材質
尺寸 45.5 公分 ×30.5 公分 ×28.3 公分

本組文物是有五十八個部件的寄藥包物件組，是臺史博向民俗文物蒐藏家購藏而來，包含寄藥木箱、木箱隔層、蒐藏家拼湊而來的日治時代至二〇一〇年間的寄藥袋、各式藥包、藥水、藥膏等成藥，以及寄藥包的英文介紹海報。

和現代人上藥房買藥的方式不同，以前可是有專人服務，直接將藥品送到府。負責此業的配送員被稱作「寄藥包仔」，而「寄藥包」這個行業，也是臺灣老一輩對日常醫療的印象，是當時的全民生活記憶。

常備良藥，先用後付

一九三〇年代初期，日本商人在臺灣開起藥廠，並召集業務人員。業務員必須通過臺灣總督府的許可認證，才能取得執業資格，開始一人一輛自行車、一人一藥袋「寄藥包」的生意。當時的經銷方式，是從日本製藥產地富山縣購入民眾常服用的西藥，內含中藥配方如腸胃藥、感冒藥等，將其分別包裝後，附上訂購單，發送到臺灣各個鄉鎮的每戶人家。民眾可先使用、後付款，業務員則平均三至六個月巡迴一次，收帳的同時可再添購新藥。這種由民眾自行判斷病症，而選擇適用藥品的行銷方式，讓大家能視自身病情有無惡化，再決定是否就醫；甚至在緊急情況下，寄藥包也舒緩了人們的病痛。

有病治病，無病強身

直到戰後的一九六〇至七〇年代，這種「寄藥包」的特殊行銷方式仍相當流行。當時一個寄藥包內約有二十多種藥，一般家庭至少有三到五個寄藥包，舉凡各種病痛都能從藥袋中找到藥品解決。平均一間藥廠聘請十多位配送員，客戶多達七、八百人，配送員每天約需服務二十五個顧客。全盛時期，最多每戶有七、八個寄藥包，配送員一開始以腳踏車代步，後改用機車奔波。

而「寄藥包」箱的材質有藤、藺草或木頭，本件「寄藥包」箱爲木頭材質，分上下兩層，外面再罩以防雨淋的厚帆布袋，還有紅字註明「寄藥包」，箱內裝有不同品牌的藥袋及家庭成藥。配送員每個月依區域及路線巡訪一次，一來清點已用掉的藥品及數量，好核對金額；二來再補充新的藥品，避免客戶吃了過期的藥而傷身；如需要緊急用藥，還可以專人送達。此外，配送員也提供客戶用藥建議，對看醫生不方便的老人家而言，具備

寄藥包外面罩以防雨的厚帆布袋。

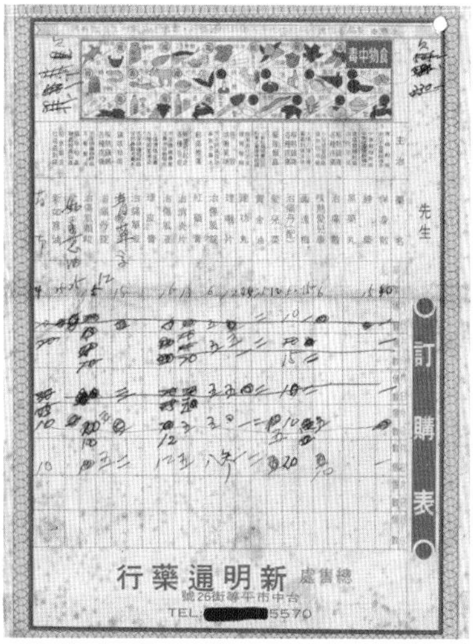

◐ 臺中市新明通藥行廣告訂購紙袋。「寄藥包」的左上角或右上角會打洞，並用棉麻繩、塑膠繩或橡皮筋穿過洞口，以方便懸掛。（館藏號 2010.031.0281.0006）

◑ 「寄藥包」多半懸掛於家中明顯之處，或小孩不易拿取的地方，避免小孩誤食，圖為謝招治繪〈家裡的常備藥袋〉。（館藏號 2015.044.0075）

了部分的家庭醫師功能。

在醫藥知識未普及、物質較缺乏、交通不便的年代，民衆若發燒、拉肚子，這些家庭必備良藥，也可立刻派上用場；寄藥包提供許多家庭日常健康上的照顧，對臺灣早期民衆健康之貢獻甚鉅。儘管以現在的角度看來，未經準確診斷便投藥，似乎不大科學，但它所提供的實用性及便利性，著實造福不少偏遠地區、生活困苦的家庭，因此廣受歡迎。

老顧客憶當年

居住在高雄燕巢山區內何秋雄老先生表示，在二次大戰（一九四五年）後，他約七、八歲有記憶時家中就有寄藥包。寄藥包爲紙袋包裝，由於當時塑膠袋尙未發明，因此紙袋都上了層蠟，用以防水；紙袋左上或右上角有個洞，線穿過後，就能掛於家中客廳的牆壁上，裡頭則爲猴標的藥品，如猴標萬金油、猴標六神丹等等，還有其他牙齒痛、消炎藥等，另有專門治膿包（癩痢仔）的藥膏（俗稱吊膏）。何先生補充，當時幫他們家配藥的業務員還兼職鐵道售票員，除了送藥，配送員還會將每家的用藥情形，仔細記錄在自己的手冊中。後來，何先生一家很少在使用寄藥包了，只要藥包內的藥若無法治癒疾病，他們便會到山下的診所看病。

寄藥包走入歷史

臺灣的成藥文化透過寄藥包的配送，散播到家家戶戶。直到一九七〇年勞工保險實施疾病門診給付，「寄藥包」在一九八〇年代開始逐漸走入歷史，待一九九五年全民健保開辦等政策實施後，配送員紛紛轉業改行，七老八十的配送員也因體力不佳而退休，年輕人更是不願意從事，僅剩的配送員則抱持著找老朋友敘舊的心情在做。雖然山上等交通不方便的地區，還有人在使用寄藥包，但寄藥包配送員這份工作已相當沒落了。

在健保施行、用藥觀念與習慣日益進步的今日，街上「三步一藥局，五步一診所」、日新月異的醫療設備及資源，總能即時解決民眾的病症。「寄藥包」行業已經式微，然而它卻代表了過去臺灣的特定醫療時空環境。（黃瀞慧）

寄藥包藥袋早期為八開大（約二十七公分×三十九公分）的紙袋，一九五〇年代臺灣生產塑膠後，則開始出現以透明厚塑膠袋作為外包裝，內再裝一張印刷精美藥廠廠牌的卡紙板，若藥品太多，也會改以大的透明厚塑膠袋裝。

1｜藥袋包裝正面封面設計

封面主視覺設計，通常是當時流行的議題，從日治時期原先的太陽旗、日本兵登中國萬里長城的圖，宣揚日本帝國主義，戰後變成中華民國軍人、戰車、戰砲、飛機等，充滿政治國防宣傳意義。有些則呈現該經銷商銷量最好的藥品，如仁武丹商標，有些則以名勝古蹟或是動物為圖樣，如梅花鹿、麒麟等。

1

➲ 戰後藥袋封面圖像呈現戰車、戰砲、飛機等，充滿政治、國防宣傳意義。（館藏號 2003.008.0557）

➲ 藥袋封面以銷量最好的仁武丹作為主打商品，梅花鹿為商標主視覺。（館藏號 2010.031.0281.0003）

2

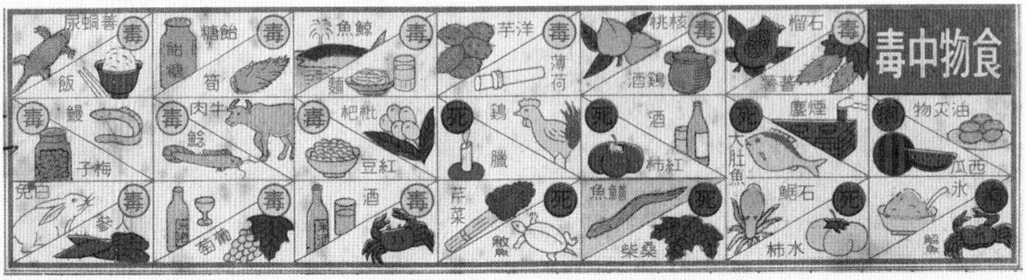

新明通藥行寄藥包紙袋背面的食物相剋中毒圖解。（館藏號 2010.031.0281.0006）

2｜藥袋包裝背面圖像

背面通常印有藥品種類名稱及價格明細表，標示個別病症，或是銷售不錯的藥品圖像、食物相剋中毒圖解等。

食物相剋中毒圖解是為了避免民眾食物中毒，跟農民曆相同，只是藥包上的圖像僅有二十種，每家藥廠的食物中毒圖繪畫手法及用色略有不同，圖示顯示有些食物誤食輕則下痢，如冰水和螃蟹；重則會中毒，如洋芋和薄荷；有些甚至會致死（即大毒），如酒和紅柿，此圖解成為各藥廠維護民眾健康最佳的廣告宣傳。

3｜藥品圖像

早年民眾識字比率不高，所以包裝大多以圖或象徵符號示意，讓民眾知道藥品的功用，以免服錯藥。如頭痛藥，繪出病人摸頭痛苦的模樣，咳嗽或氣喘藥，治療的藥品就畫出蝦子、烏龜和掃把，因氣喘臺語發音「痔呴嗽」似「蝦龜掃」，胃腸藥則畫出病人抱著肚子痛苦的樣貌，既生動又有創意，很容易讓使用者明白。

延伸閱讀

・吳秋儒，《藥品宅急便——「寄藥包」之研究》。新北：淡江大學歷史研究所碩士論文，二〇一一。

3

❶ 美台化學製藥製「美台喘息散」藥品包裝袋，畫出蝦子、烏龜和掃把，代表咳嗽或氣喘藥。（館藏號 2010.031.0281.0025）

10

農村生活的節奏

牛鈴

館藏號 2003.001.0610

年代 1945 年後（二戰後）

材質 金屬

尺寸 37.6 公分 ×12.3 公分 ×4.1 公分

鈴聲響起，牛來了！

「吽吟！吽吟！」

清脆的牛鈴聲從不遠處傳來，伴隨牧童的嬉鬧，由人與牛構築的畫面，是傳統農村再尋常不過的記憶。

「吭唅！吭唅！」

這些與牛相伴的時刻，早已淡出人們的生活，但透過一件件與牛相關的文物，如牛鈴、牛擔、牛鼻栓等，本文嘗試將牛隻走過鄉間的痕跡，再現於讀者的腦中。

臺史博所藏的牛鈴樣式衆多，有成串、有單顆，材質有金屬亦有木竹。本文挑選的金屬牛鈴，以金屬鍊環扣十顆小鈴鐺和一顆鐘型鈴鐺組成，小鈴鐺外側都刻有吉祥圖案，相較於館藏其他木製厚實的牛鈴，此件的尺寸更增添了幾分小巧可愛。牛鈴除了有警示的作用，還能防止牛隻走丟，雖然放牧在鄉野雜林間，但只要掛上牛鈴，便可憑聲音確認牛隻的方位與狀態。另外，有時調皮的牧童們爲了受人矚目，也會幫自家的牛隻掛上最精緻的牛鈴，用鈴聲抓住衆人耳朵的同時，也把牛隻打扮得漂亮討喜，成爲友人間關注的焦點。

農忙日常——駛牛犁田

早期農村中，牛隻是耕作時不可或缺的重要夥伴，不管水田還是旱田，都需要憑藉牠們

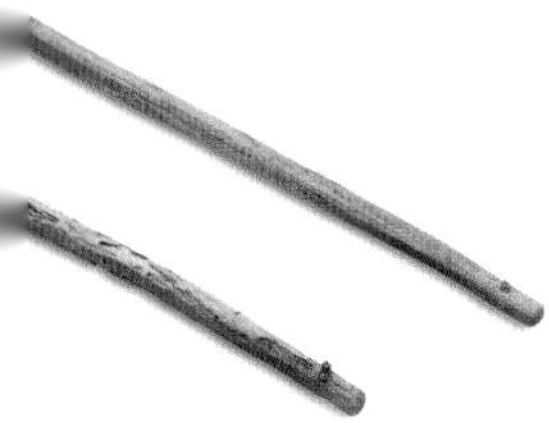

在甘蔗採收時期，常可見到牛隻載運整車甘蔗走在路上的景象。
（館藏號 2004.020.0109.0033）

的力氣，搭配各式的農具，才能順利進行農耕。牛隻能順利拖行農具耕作，最重要的角色是牛擔；牛擔大多以刺竹或木條製成，呈現曲形，彎曲處正好掛在隆起的牛肩胛骨前，兩端繫上麻繩搭配農具使用。臺史博所藏的此件牛擔除牛擔本體外，還保留當初仍在使用時留下的綁繩，以及繩頭另一端的木棍。不同的農具與牛擔的相接方式也不同，從此件牛擔繩結所繫的木棍便可知，在入館收藏之前，它最後的任務可能是犁田的輔具，原因是牛犁通常不會直接與麻繩相綁，而是藉由一條木棍，將前端的鐵勾勾住木棍的鐵圈，再透過麻繩與牛擔連接成一體，成爲一套牛隻犁田時的標準配備。

在一連串的農忙之後，最令農人欣喜的便是收成時節，將辛苦耕種的農作物放上牛車，由牛隻運送，是農耕生活中重要的時刻。日治時期，在臺灣總督府的推動下，臺灣製糖業興

牛車車牌象徵政府對牛車的管制，同時也是牛車普及於農村生活的證明。（館藏號 2002.005.0481）

雙輪牛車。（館藏號 2002.005.0481）

盛，在甘蔗採收時期，常可見到牛隻載運整車甘蔗走在路上的景象，形成當時鄉間的生活記憶。臺史博收藏數輛牛車，本文所選爲雙輪牛車，整體外觀呈紅色，車輪爲木製，輪外再包上鐵皮，此類鐵皮輪牛車盛行於日治末期至一九六〇年代。車後還可見戰後由屏東縣警察局核發的牛車車牌，可知本牛車是來自屏東；牛車車牌類似現今汽機車的車牌，抽取牛車稅始自清領時期，後因汽機車的普及，牛車從重要交通運輸工具中退出，僅存在於鄉間農村之中，因此牛車牌照稅也於一九七一年廢止。

農忙之餘——牧牛記趣

一人一牛漫步在鄉間，牧童牽著牛繩走在牛的一旁，輕拉牛繩，牛隻便會照著牧童的方向向左或向右。牧童能這樣控制牛隻的關鍵就

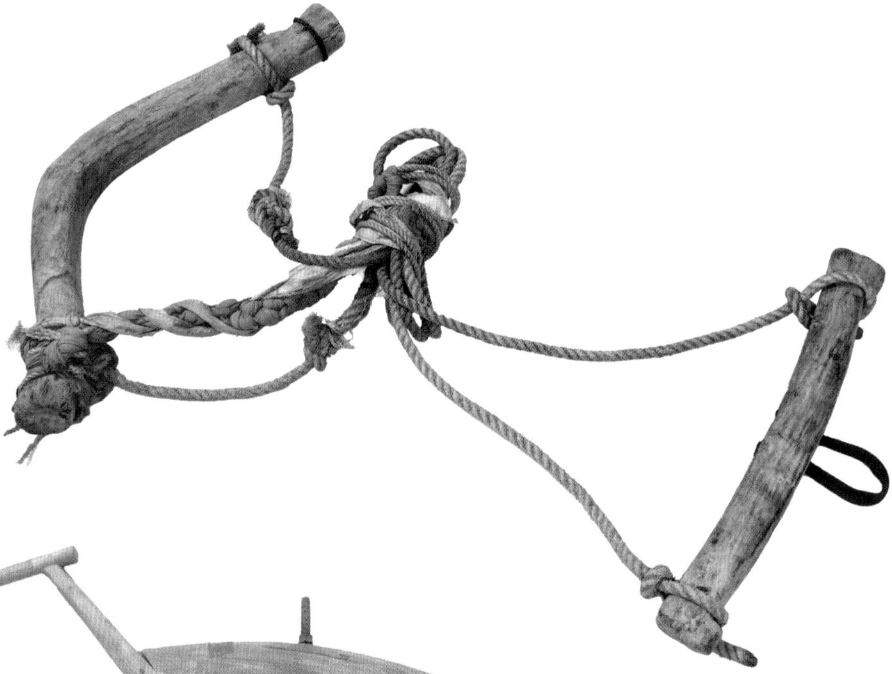

牛擔另一端的木棍可用於連接鐵架犁，成為牛隻犁田的標準配備。（館藏號 2002.005.0216）

牛隻於田園中的工作可分為四步驟，依序是犁田、耙田、耖田、撈礡，牛犁即是犁田所需要使用的農具。本件文物是館藏之鐵架犁，可見木條前端裝設有鐵鉤。（館藏號 2002.005.0400）

在牛鼻栓，本文所選牛鼻栓一端綁著牛繩。就使用上來說，本件牛繩的長度略短（一般牛繩長度約爲牛身的兩倍以上），推測本牛鼻栓可能使用於剛穿鼻環的小牛身上，或是原物主不使用本牛鼻栓後，另行修改過牛繩長度。每隻牛在出生約一年後，飼主會爲小牛穿鼻環，套上牛鼻栓便於訓練小牛，訓練兩、三年後，或留下農耕使用，或賣給「牛販仔」進入牛墟的交易市場。

農耕之餘，爲慰勞牛隻辛苦的耕作，牧童會帶著牛隻到草地上吃草，解開沉重農具的束縛，成爲牠們短暫的休息時光。左鄰右舍年紀相仿的小孩相互吆喝，領著自家牛隻到草地上放飯，勤勞一點的還會另外去割嫩草

❶ 牛鼻栓。（館藏號 2002.005.0217）

牧童們與牛隻一同戲水、游泳的情景，形成農村中嬉鬧的畫面，圖為黃金田繪《鄉村民主池》。（館藏號 2004.019.0072）

餵牛。把雜事打點好之後，便是牧童們的遊戲時間，大夥一起嬉鬧在鄉間河畔，成了牧童們放牧時的共同回憶。

臺灣的耕牛有兩種，在水田中工作的大多是水牛，黃牛則較常耕於旱田。水牛的皮膚需要淋水或在泥地打滾降溫，以維持勞動能力，因此與水牛在河中嬉戲的景象，也是許多人難忘的兒時記趣。

「鐵牛」駛來

「駛牛」是上一代農人難以被取代的記憶，而「牛具」則是伴隨農人生活的重要元素。牛鈴輕響在泥濘小徑上，老農把那厚實的牛擔掛於老夥伴的肩頰骨前，緩緩前行的牛車載著甜蜜蜜的甘蔗，麻繩一拉，牛鼻栓的扯動便示意了牛隻前進的方向。但隨著戰後農業機械化如火如荼的展開，尤其從一九六〇年代開始、在政策推動下，大型農業機具的發展越趨成熟，臺灣的農業進入由機械引導的時代，與此同時，落寞的便是努力耕耘這片土地三百多年的牛隻們。

「空空空！」

被稱爲「鐵牛」的耕耘機發動了，農人駛著鐵牛，走進熟悉的那片田園。機械運轉的聲音持續，但那清脆的鈴響，以及低沉的哞叫，那些有記憶的聲音似乎已經不會再聽見了。（顏語彤、張鈞傑）

延伸閱讀

- 邱淵惠，《台灣牛》。臺北：遠流，一九九七。
- 李百勳，《南瀛牛墟誌》。臺南：臺南縣政府，二〇一〇。

11

半世紀的販售騎蹟

菊鷹牌腳踏車

館藏號	2020.016.0001（謝國興先生捐贈）
年代	約 1960 年
材質	複合材質
尺寸	202 公分 ×65 公分 ×106 公分

不只是交通工具的腳踏車

臺灣自日治時代開始引進第一臺腳踏車，從一開始倚賴進口，到戰後開始大量自製國產車時期，腳踏車的使用越來越普遍，功能也趨於多元，尤其是在戰後初期，自行車成爲許多人的重要的生財工具，當時，騎著自行車沿街叫賣的情景，是常見的街道風景，沿街叫賣也突顯出當時臺灣人刻苦耐勞的精神。本文介紹的腳踏車，車主是菜頭伯謝天祐（本件捐贈者謝國興先生的父親），他騎著在一九六〇年左右購入的菊鷹牌腳踏車，所展現的販售騎跡，實踐著臺灣人這樣的特質。

謝天祐生於一九一八年，年幼時父母雙亡，並無機會受教育，並在台江安順溪頂寮村（位於今臺南市安南區）種田做工，結婚後生了七個孩子，其中有五個孩子甚至培養上了大學，之所以能支撐起家計，都歸功於這臺菊鷹牌腳踏車，這臺腳踏車至少伴隨著他有近五十年之久，直至他九十歲以後才較少使用。

謝天祐大約四十歲時，買下這臺當時售價不便宜的「菊鷹牌」腳踏車。根據在臺南市六甲區經營清吉自行車行的邱文賢所言，一九五〇至七〇年代的菊鷹牌腳踏車平均售價爲八百至一千多元，而當時的公務員薪水一個月約四、五百元而已，一年還得繳牌照稅十八元，如果以今日價值換算，大約是現在一部機車的費用。

臺灣的交通工具發展與人民生活息息相關，從日治時代至戰後，腳踏車對常民生活的有著很大的影響，車身結構樣式也因應不同的使用需求而有區別，大致可區分爲文車及武車，此外還有混合型之文武車。文車的設計以輕量化移動速度快爲設計，武車的設計則是以載重爲主要需求，主要特徵會強化龍頭之前叉支桿，後座會增設輔助支撐架，並加寬後座以利載運貨物，文武車則是混合型，例如只增強龍頭部分，後座則無特別強化支架，設計重點在於能夠載貨，卻又不失移動便利性。

到了戰後，自行車市場進入百家爭鳴的年代，出現衆多的批發商或車行投資組車廠，這些工廠生產的自行車包括了上述的文車、武車與文武車。當時較有名的廠商，有二十二家，遍布於北、中、南各地，菊鷹牌腳踏車即是當時位於臺南頗有名氣的品牌之一。

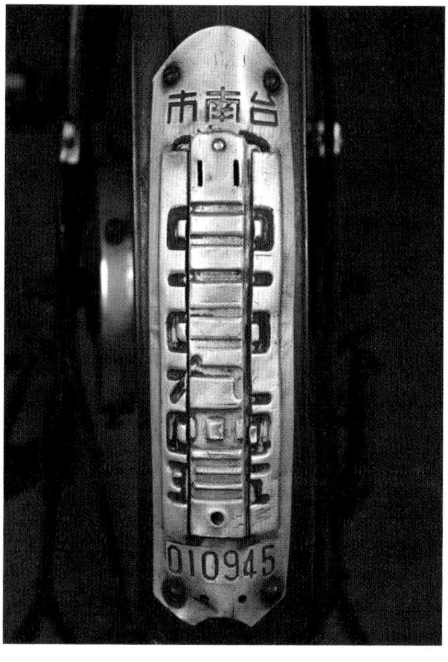

1945 年至 1971 年（民國 34 年至 60 年）間，自行車需課徵牌照稅，因此腳踏車需裝上車牌，本件為 1950 年代富士霸王牌自行車長條型車牌。（館藏號 2016.035.0002.0001）

幸福牌自行車所生產的「文車」，輕巧便於代步，於 1960 年代風靡一時，尤其受到公務人員、醫生、老師青睞，一輛要價 1500 元左右，相當於當時中階公務人員 4 到 5 個月的薪水。（館藏號 2000.001.0041）

謝天佑腳踏車的販售騎跡

謝天佑的腳踏車主要作爲他載貨販售的生財工具，爲了能夠載運地瓜、芝麻、花生、蘿蔔等重達一、二百斤的貨物，他選擇的腳踏車爲武車形式。設置前叉輔助桿設計，車身後架也進行加寬設計，以防止負擔過重，並結合圓胖型竹籮筐，方便作爲載貨使用；而爲了因應坡路起伏地區下坡速度過快，其車身配置腳剎車系統，後輪則是採用鼓式剎車系統，鼓式剎車原理爲當踩下剎車踏板時，內部的機構會把兩塊剎車蹄片向外推，剎車蹄片與剎車鼓內面接觸以後，就能夠產生摩擦力讓車輛減速；而鬆開剎車踏板後，剎車蹄片機構當中的復位彈簧則會把蹄片向內拉，解除剎車

車燈與前叉輔助桿設計。

車身後架加寬，便於載貨。

作用。此外，停車的部份則以四腳柱增加停車時卸貨的穩定度，車頭也會安裝車燈，加強行車安全。

謝天祐在農閒時，會到臺南東山山區載龍眼回來兜售販賣，一趟來回需要大約一百二十公里，他練就的另類本領是空手抓一把連枝條的龍眼，不需要秤重量，即可告訴顧客大概多重、多少錢。一九八九年，他搬遷至臺南市永康區大橋二街祖傳農地，由於他專精種地瓜、玉米、蘿蔔，尤其是白蘿蔔，每逢冬天收成時，會騎腳踏車載著上百斤蘿蔔，去不遠處臺南市北區公園路的延平市場小攤位，賣清晨現拔的新鮮蘿蔔，因爲好品質，所以永遠是菜市場所有菜攤中賣價最高的，後來更得到永康鄉公所頒發的模範農民榮譽牌，也因爲在大橋種蘿蔔種出了名，附近鄰居都稱他爲菜頭伯。謝天佑的販售騎跡，見證了戰後一段時期的臺南市農民爲了改善家庭生計，運用交通工具兼生財工具的腳踏車，自力販售農產的事蹟。（杜偉誌）

❶ 剎車踏板與標示「特級加寬」的後車輪。

◇「鐵馬」不只有「鐵」！

腳踏車，俗語稱「鐵馬」，背後的意思不難理解——過去的動物馬，如今由金屬材料鐵取而代之，才有「鐵馬」的稱號。從本件藏品可發現，不同的部位有不同的生鏽程度，更意味著這些金屬其實不只是單純的鐵，有部分元件應該是由兩種以上的金屬組合而成的合金，長期使用下不易生鏽，才會導致各部位生鏽程度不一。

博物館透過X射線螢光分析儀（X-Ray Fluorescence Spectrometer，簡稱XRF），利用合金模式檢測各部位金屬成分，發現主要支撐腳踏車的中央車架，含鐵量最高，介於百分之八十五至八十九之間，這些部位生鏽最為嚴重；而龍頭把手則是由百分之七十七的鎳組成，鐵則只占百分之九點五，因此僅有少數的鏽斑；最後，擋泥板則是百分之七十鐵、百分之十八的鉻，以及百分之八的鎳組合而成（依比例推斷為不銹鋼材質），讓這些部位較不易生鏽。（張銘宏）

延伸閱讀

・臺南市政府文化局，〈清吉自行車行〉，收於《臺南研究資料庫》，二〇二二年十月十日瀏覽，https://trd.culture.tw/home/zh-tw/Oldshop/298531，二〇一八年。

9.5%鐵、77%鎳
85%-89%鐵
70%鐵、18%鉻、8%鎳

〇12

承載家族記憶，訴說休憩時光

朱漆雕花鑲大理石床板八腳紅眠床

館藏號	2015.029.0001（施克洲先生捐贈）
年代	約 1920 年代
材質	木質、石質
尺寸	床本體：207.5 公分 ×247.4 公分 ×249.4 公分 腳踏椅：74.3 公分 ×31.4 公分 ×30.7 公分

祖父傳承下來的紅眠床

二〇一五年時，臺南施克洲先生捐贈本館一座鑲大理石床板紅眠床，據施先生表示，這座紅眠床是其祖父施性垣於日治時期府城五條港區（今臺南市中西區民權路三段附近）興建雙層連棟式街屋住宅時，特別請唐山師傅來家中製作全套家具，包括床、衣櫃、桌椅、書櫃等。紅眠床製作完成後，最初由祖父母使用，後來傳予其父母親繼續使用。施先生表示他本人就是在這張紅眠床上出生，兒時記憶中床鋪寬大，與父母及弟妹一家五口一起擠在紅眠床上睡覺。大理石的床板堅硬，母親會在床板上鋪上墊被，夏天改換竹蓆，以增加舒適度。

雕梁畫棟的小天地

本座紅眠床主要以烏心石，本體結構由下至上分別包括底座、左右側遮風、後櫥櫃、頂棚、前簷以及腳踏椅等六大部分。

床底座由前床架與後床架組合而成，因合計有八個支腳，故民間有八腳床之稱呼。前床架正面左右床腳雕刻成大小二獅，俗稱「獅仔腳」，由於「獅」與「師」同音，乃喻「太師少師」，有辟邪守護、預祝高官之意；而後方其他六支床腳，則爲圓柱形車枳腳。在結構上，本件前、後床架上方各鑲嵌一塊長方形灰白紋大理石板作爲床板，不同於一般紅眠床以多片木板鋪設而成，爲本座紅眠床之最大特色。床桌高約七十公分，正面下方作一排五只抽屜櫃，抽屜面板雕滿花鳥吉祥圖紋，密閉時看似床下方之裝飾雕刻板堵，十分具有隱密性，開啟時須將手伸入床底將抽屜推出，因此可有效防盜。抽屜櫃

床腳雕刻成大小二獅的「獅仔腳」。

前床架正面隱藏式抽屜櫃與下方之雕花牙板。

床座下方的寶瓶形吊筒。

大理石床板。

下方中央裝飾一大片浮雕牙板，牙板上滿雕樹林、牌樓、神仙人物等吉祥圖紋。牙板左右兩側另裝飾一對寶瓶形雕花吊筒，搭配周邊雕刻，將底座正面營造出華麗豐厚的美感。

紅眠床之左右兩側之壁板稱爲左遮風與右遮風，形制與裝飾相似且對稱。遮風底層爲三片實心板堵，每片板堵皆滿雕牡丹、喜鵲等花鳥圖紋，象徵富貴長春。板堵之上至頂部改採透雕板堵裝飾，正中央鑲嵌一面八角形照鏡，照鏡左右裝飾瓶花、松鶴、花鳥、魚蝦蟹蛤、暗八仙等傳統吉祥圖案之透雕板堵，有祈求長壽、富貴平安、喜上眉梢、多子多孫、步步高升、辟邪等吉祥寓意。照鏡下方作鏇木柵仔，上方則設置象鼻造型之掛衣鈎，木雕雕刻精美匠心獨具。

後遮風設計爲櫥櫃形式，分上、下兩層。櫥櫃底層爲上開式拉板被櫥，內可存放棉被、枕頭等寢具，此外，與遮風板堵相同，門板上有浮雕孔雀鸞鳳、

❶ 右遮風中央鑲嵌八角照鏡，左右裝飾透雕瓶花雕板。

❷ 左右遮風下層浮雕花鳥紋板堵。

左右遮風上的透雕飾板，由上而下為雙魚紋、雙貝、雙蝦、雙蟹。雕刻成對的鯉魚有比喻「吉慶有餘」、「雙魚吉慶」之意。蛤貝繁殖多子，有祈求「子孫綿延」之意。蝦蟹因帶有殼甲，殼甲讀音近似「科甲」，有期許「科甲題名」的吉祥意涵。

左右遮風上的木雕象鼻造型掛衣鉤。

➊ 櫥櫃型後遮風，上櫃中央嵌入整座梳妝臺，左右為衣櫥。下櫃為抽屜櫃與棉被櫃，抽屜與櫥櫃面板皆滿雕花鳥圖紋裝飾。

➋ 密閉式頂棚，頂棚中央鑲嵌方形照鏡，四周環繞菊花仙鶴紋透雕板。

萬壽菊等吉祥圖紋，象徵多子多孫與富貴吉祥。被櫥上方爲單層四只抽屜櫃，抽屜面板中央鑲嵌圓形塑膠拉鈕，四周裝飾花鳥紋浮雕。上櫃中央作成梳妝臺形式，中央有一長方形照鏡，左右兩側有小櫃、鏇木細柱、捧盤、鏇木柵仔，照鏡頂部有塔頭蓋及花鳥紋斜籃花柴。梳妝臺左右兩側各有一長櫃與抽屜，左右對稱，內可吊掛衣物或存放物品，門板與面板皆滿雕牡丹花鳥淺浮雕紋，具有富貴吉祥之美好寓意。

床頂則爲密閉式頂棚，外覆木板頂蓋防塵，內層爲方格形鏤空天棚，中央鑲嵌正方形照鏡，鏡子四周裝飾仙鶴、菊花圖紋之透雕，有象徵長壽之意。床頂前側則懸掛一長方形透雕前簷，全件以一塊木板雕刻而成，頂邊作西洋古典建築式線腳，簷板中央雕刻頭戴平翅硬幞官帽、身著官服之天官等神仙人物，有祝賀進祿加官之意。

最後，紅眠床之腳踏椅屬較短小型之腳踏椅，放置於床前便於上下床之用。椅面中央，鑲嵌與床板同材質之長方形灰白紋大理石，椅面下方的水車堵以浮雕「己」形幾何紋裝飾，踏椅四周側邊牙板以牡丹花草紋浮雕裝飾，踏椅四個支腳作內彎形蔓草螺腳，線條優美，穩重大方。

整座眠床通體施暗紅色朱漆，床體型制體現出日治時期臺灣家具融合傳統漢體與西洋化的風格。床體正面前簷、底座，以及內部遮風與櫥櫃滿滿的雕刻與鑲嵌，巧妙華麗、奇秀典雅，充分顯露出製作匠師設計的巧思與精湛的工藝。

化解兄弟間的嫌隙

本座紅眠床於包裝運輸時，還發生了一則感人小插曲。館員在拆遷清理紅眠床時，發現床底座左右側有許多暗格抽屜，抽屜內裝有許多日本錢串與金銀首飾，立即通知捐贈者施先生確認。施先生回想起錢幣與金飾應是母親生前

前簷透雕飾板（中央局部）。
鑲大理石腳踏椅。

所藏，記得母親曾答應弟弟要把金飾留給他，東西放在神明桌下，但弟弟一直遍尋不著，還懷疑是哥哥偸拿走，兩兄弟因此產生猜忌與嫌隙。後來施先生立即把弟弟找來，當著衆人面前澄淸金飾不是他拿走的，而是母親記錯存放地點，完璧歸趙後這才化解兄弟之間的誤會，重修舊好。

紅眠床是臺史博收到民衆通報最多想要捐贈的大型文物。這些紅眠床多爲捐贈者父母或祖父母所使用的物件，或因所有者過世、原居住的古厝老宅拆遷、無法再繼續使用或保存，捐贈者不捨丟棄這些充滿生活記憶的老家具，因此決定捐贈給博物館典藏。從施克洲先生所捐贈的紅眠床，我們可以了解到紅眠床爲傳統社會家中不可或缺的寢室家具，它除了提供人們睡覺與休息的功能外，本身所呈現的物質現象，例如型制風格、選材用料、製作工藝等，展現出時代流行的藝術美感與人文思想。對於使用者而言，更是勾起與家人相處的的難忘時光。（葉前錦）

延伸閱讀

- 簡榮聰，《臺灣傳統家具》。桃園：桃縣文物協會，二〇〇〇。
- 羅彩雲，《臺灣傳統紅眠床之研究——以中部地區爲例》。雲林：國立雲林技術學院工業設計技術研究所碩士論文，一九九七。

◇紅眠床是用什麼木頭做的？

本座紅眠床整體採用了大量的雕刻裝飾，也結合了大理石床板異材質製作。讓人感到好奇的是：匠師們製作時究竟使用哪些木材？由於家具木材種類眾多，多數的床體在完成製作後又會以保護漆髹塗，往往遮蔽也填補了木材各斷面的木理及特徵，再者，為了藏品保存倫理，藏品外觀是無法隨意削切磨除；因此，文保人員僅能從紅眠床抽屜或是底部找尋未被塗刷的區域，試圖查找、辨識出本座紅眠床製作的材料。

而其中，抽屜又是本次觀察的重點。一般來說，抽屜由於功能上的需求，並不會塗上保護漆。從外觀顏色上看來，抽屜使用了兩種木材，抽屜面板與兩邊的壁板為同一種木材，位於底部的底板則是由另一種木材製作而成。

1

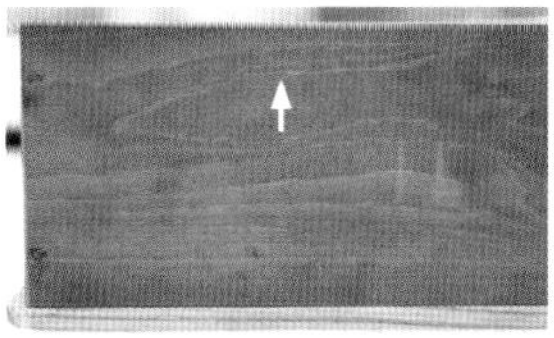

弦切面出現因薄壁細胞產生之年輪界線。

2

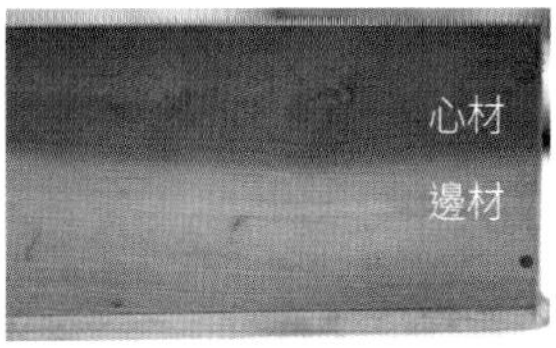

木材邊、心材明顯，邊材呈現淡淺黃色，心材為暗褐色帶綠暈。

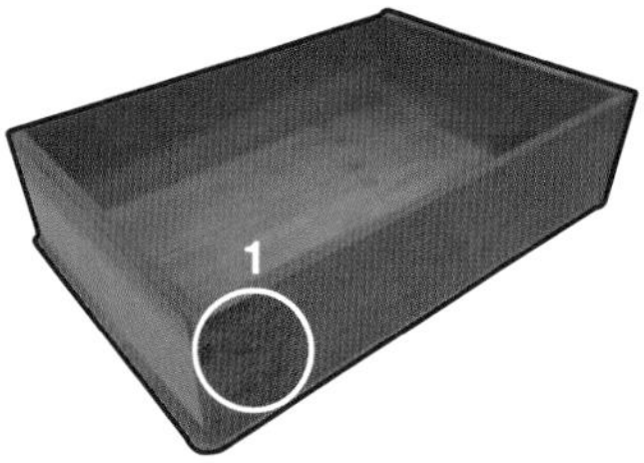

3

可從抽屜內部看出壁板與底板分別由兩種木材製作而成。

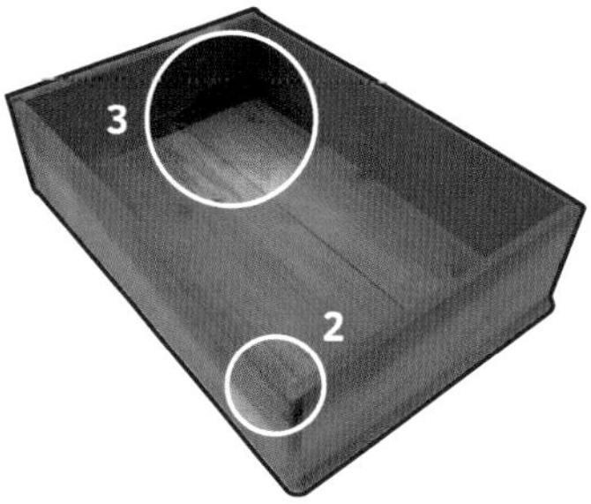

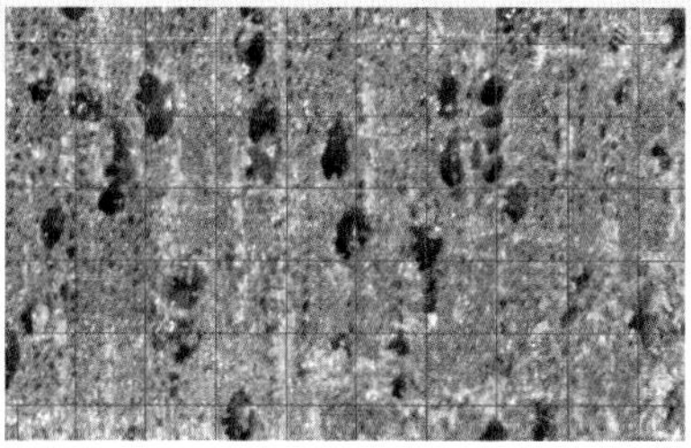

顯微放大100倍下，有明顯導管，管孔單獨或2-3個徑向複合。

以顯微放大觀察壁板製作時的切削處。

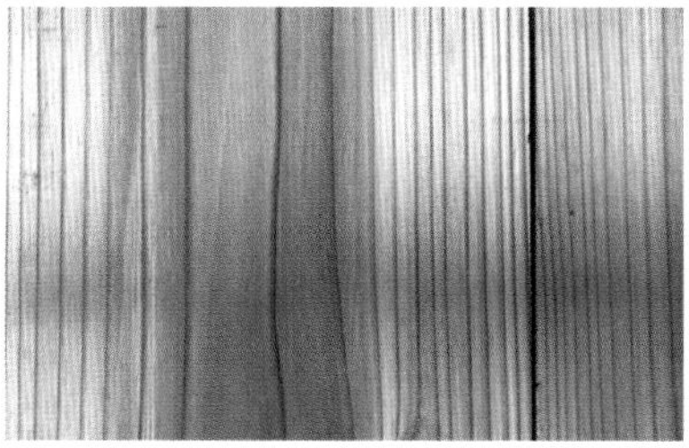

抽屜底部木材邊心材明顯，心材顏色呈現紅紫色，春秋材明顯且移行急變。

壁板的邊材、心材顏色區別明顯，靠近樹皮的邊材呈現淡淺黃色，靠近樹心的心材為暗褐色帶綠暈，弦切面出現因薄壁細胞產生之年輪界線。

進一步以顯微放大觀察壁板製作時的切削處之橫切面，發現有明顯導管，管孔單獨或二至三徑向複合，結合邊、心材的顏色特徵，由此推測抽屜面板與壁板應是臺灣闊葉五木之一——烏心石（學名：*Michelia compressa* (*Maxim.*) *Sargent*），烏心石經常作爲家具與雕刻裝飾的材料，且因爲心材具抗腐朽菌功效，也經常作爲砧板使用。

至於底板，邊、心材同樣區別明顯，心材顏色呈現紅紫色，春、秋兩季分別形成的春材、秋材，顏色區別明顯且移行急變，可見此樹生長於季節明顯的環境，無樹脂溝，推測爲柳杉（通稱：Japanese fir）。因多數的未上漆的部分呈現相同特徵，因此推測本座紅眠床應該主要由烏心石製作而成。（張銘宏）

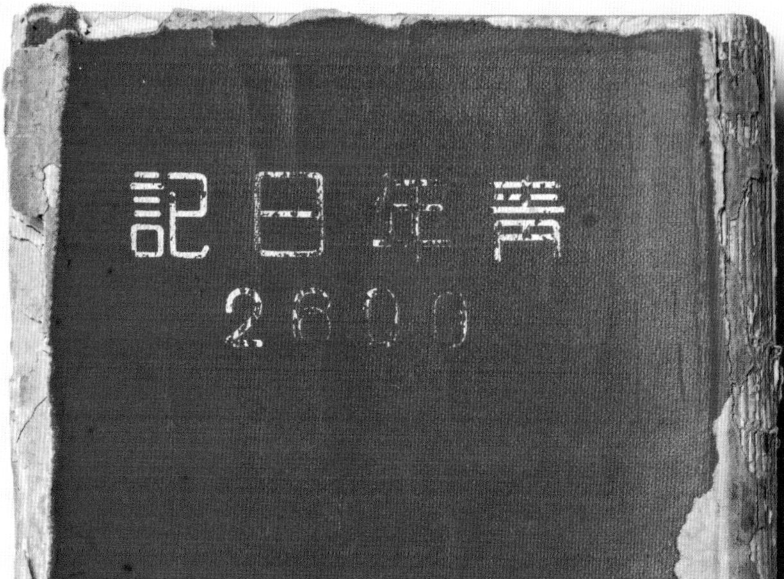
靑年日記
2600

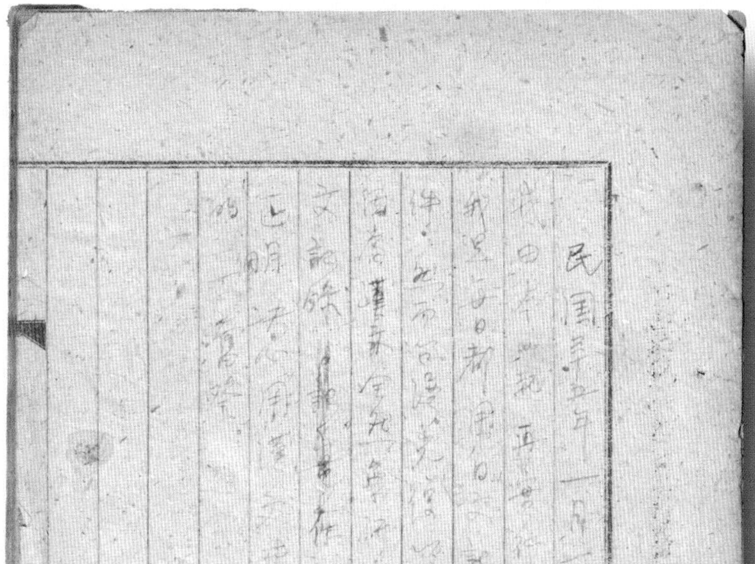
民国三十五年一月一日

13

改朝換代下農村青年的兩個時間

陸季盈一九四〇、一九四六年日記

館藏號 2009.001.0009、2009.001.0013（陸東原先生捐贈）
年代 1940、1946年
材質 紙質
尺寸 13.4公分×18.7公分×2.6公分、17.1公分×24.5公分×2.9公分

用日記寫歷史的科學農夫

二〇〇九年，臺史博接受一批重要的文物捐贈。捐贈者陸東原先生，是郭碧娥前副館長一位舊識的丈夫，將亡父陸季盈所寫長達七十餘年的日記及家族文物捐贈臺史博。這組日記記錄的時間，從一九三三年一直到二〇〇四年，除一九四二至一九四四年間斷續書寫，及一九四五年整年未寫外，幾乎未曾間斷。臺史博研究人員前往陸家進行文物評估時，看著陸東原先生拿出一堆日記及資料，心中的興奮之情相當深刻；如此興奮的理由，是因爲這份日記資料的時間跨越戰前戰後七十年，且出自農村公學校高等科教育的農村青年，相較於過往常見的知識份子菁英階層日記而言，實屬罕見。

一九一六年九月二日，陸季盈出生於高雄州岡山郡楠梓庄五里林五三一番地（今高雄市

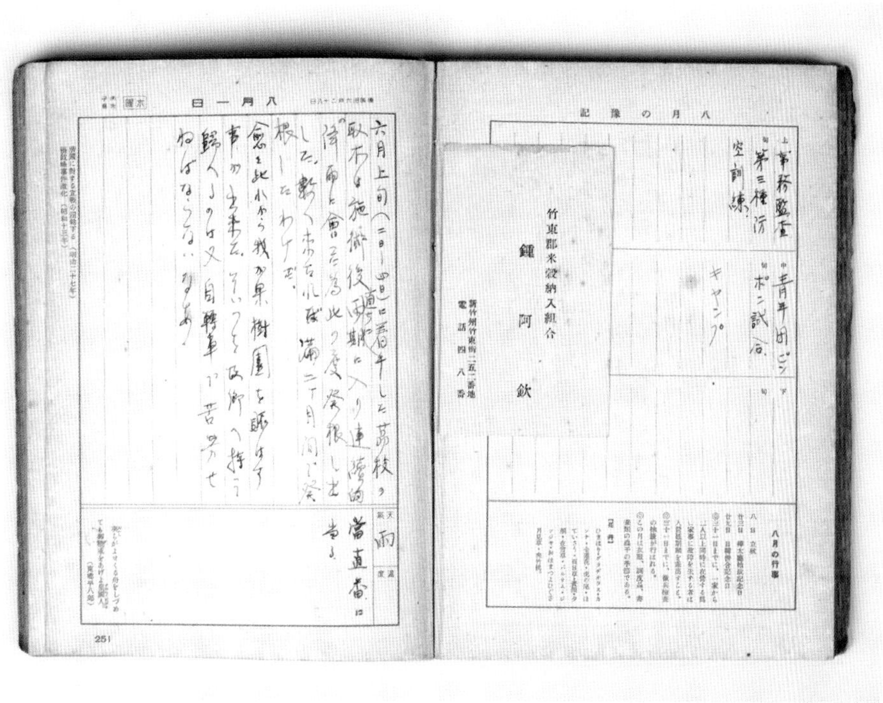

陸季盈1940年日記，以日文寫作。（館藏號 2009.001.0009）

橋頭區西林里）。他畢業於高雄州岡山郡楠梓第二公學校高等科，畢業後，跟隨父親陸再壁移居高雄州鳳山郡大樹庄九曲堂；之所以搬家，推測與父親曾先後任職於九曲堂的「振南鳳梨罐詰會社」（鳳梨罐頭公司）以及「臺灣合同鳳梨罐詰會社」有關。陸季盈從一九三三年七月開始撰寫日記，到戰爭結束爲止，主要生活範圍是在九曲堂，偶爾提及家鄉五里林情況，戰後陸季盈的主要居住地則爲家鄉五里林。

一九三三年七月十三日，日記記載的第一天，當時年僅十七歲的農村青年寫下「今天開始寫日記」。從那天的記載開始，就可以看見他一個公學校高等科畢業的學生，認眞務農，並詳載耕作筆記，改良自身農業技術，堪稱科學農夫。另外，他也加入青年團擔任幹部，並且參與活動，比如在日記中，就記載著他擔任國語講習所講師，熱情地推行「國語」普及。後來，他還擔任農事實行組合書記、大樹庄民風作興會書記，以及皇民奉公會書記，接受日本官方透過組織對農村青年的動員。以社會教化團體「大樹庄民風作興會」爲例，從日記中他關於成就感和榮譽感的紀錄，就可以看見青年願意加入這些組織的原因。最後，他因故離開這些職務，重新投入農業。

大歷史與小歷史：陸季盈的兩個時間

即使是農村出身的陸季盈，在私人的日記中也難以逃脫大歷史的掌握。陸氏在戰前的日記運用嫻熟的日文撰寫，充分表達他的情感；戰爭期間因爲工作繁忙及戰爭因素而有中斷書寫；一九四五年戰爭結束後，陸季盈似乎想重拾日記撰寫，卻苦於語言轉換，遲至一九四六年一月，才在日記寫下「我由今日開始再實行日記」，表明他過去都使用日文，但日文將被廢止，又未曾研究漢文，故遲至今日才再書寫日記，並表示漢文書寫日記是「我們的一個奮發」。先前使用日文書寫的陸季盈，書寫的是屬於日治時期日語世代臺灣人的故事，而戰後使用中文書寫，則代表著戰後臺灣人中國化的故事。

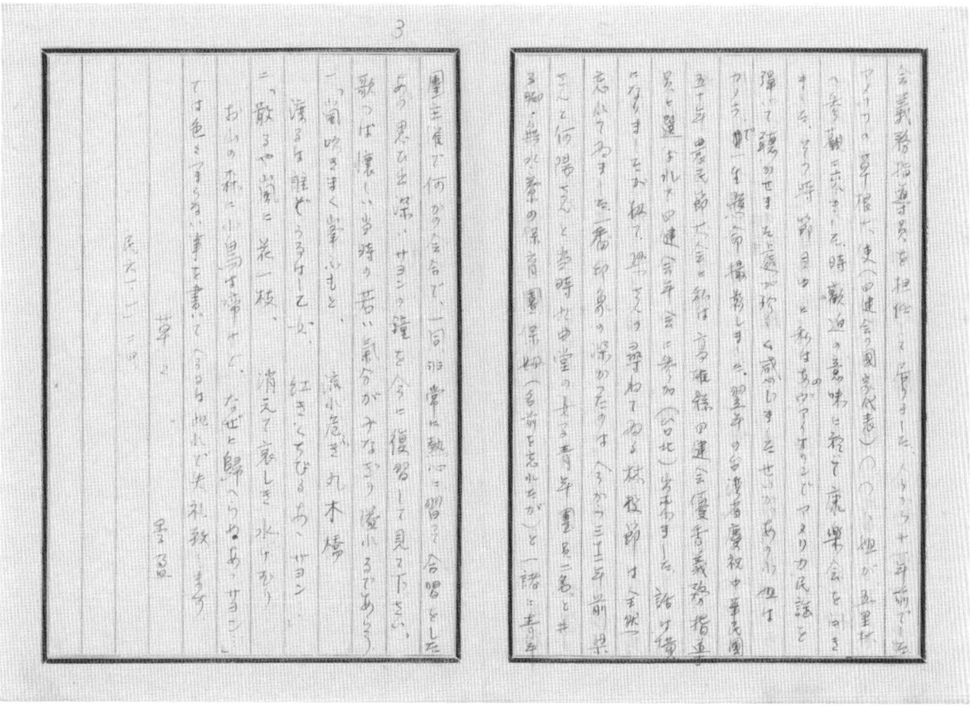

1972 年 11 月 24 日陸季盈致梁連和日文書信。(館藏號 2009.001.059)。

陸季盈參加九曲堂青年團，1940 年於大崗山野營紀念照。（館藏號 2009.001.0054.0051）。

但是，戰後的陸季盈運用中文書寫日記時，大多僅能簡單撰寫幾行，主要是以耕種筆記爲主要內容，很難運用中文表達感情，僅有詳細的耕作紀錄。如果要表達心情時，他會選擇日文書寫，而日文書寫時，又召喚著戰前的記憶與時間。一九七二年，陸氏在身體不適、人生陷入低潮時，以日文寫信給戰前好友梁連和，他寫下：「印象最深刻的是在三十二年前，和梁兄與何陽兄在當時與二位九曲堂女子青年團員以及井子腳、無水寮保育園的保母一起，在青年團主辦的某次聚會中，相當熱中地學習合唱。令人深深懷念的〈莎勇之鐘〉，請複習看看，再唱出的話，將會洋溢著令人懷念的年輕心情。」運用日文書寫時，陸季盈的時間瞬間回到日本時代。對於跨越兩個世代臺灣人而言，語言不僅用於溝通，也代表著不同的時間意識。（陳怡宏）

延伸閱讀

・陳怡宏，〈國立臺灣歷史博物館所藏日記簡介〉，《歷史臺灣》八期（二〇一四年十一月），頁一六七—一七五。

・蔡錦堂，〈再論日本治臺末期神社與宗教結社諸問題——以寺廟整理之後的臺南州爲例〉，《師大臺灣史學報》四期（二〇一一年九月），頁六七—九三。

・謝仕淵，〈日治時期臺灣農村青年的休閒生活：以〈陸季盈日記〉爲例〉，《臺灣史研究》二十五卷二期（二〇一八年六月），頁一四五—一七六。

1 日記中的家計簿

陸季盈在戰前的日記中曾有幾年收錄了家計簿，一九四〇年的日記後就附了整年的家計收入支出，讓我們可以窺見戰前農村上班族的生活情況。陸季盈當時的月薪二十八圓，他在一月三日時為了結婚而購買了洋服一套，就高達二十六圓，加上帽子三圓兩角，領帶一圓九角，已超過他一個月的收入，還需要父親資助，可見當時洋服的高價。除了日常的生活消費外，他也購買了空白青年日記，花費六角。

1

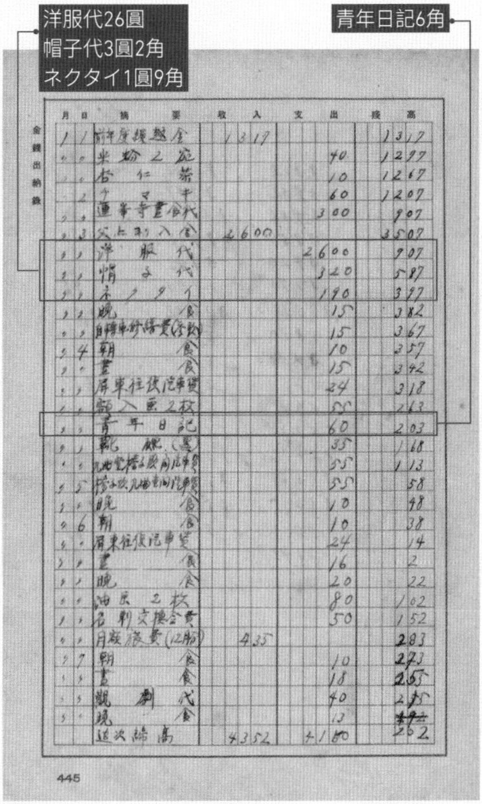

➊ 陸季盈1940年與林迎女士結婚照中的穿著，即是家計簿中花費約31圓購買的西裝。（館藏號 2009.001.0054.0064）

➋ 陸季盈1940年日記後附的家計資料。（館藏號 2009.001.0009）

2

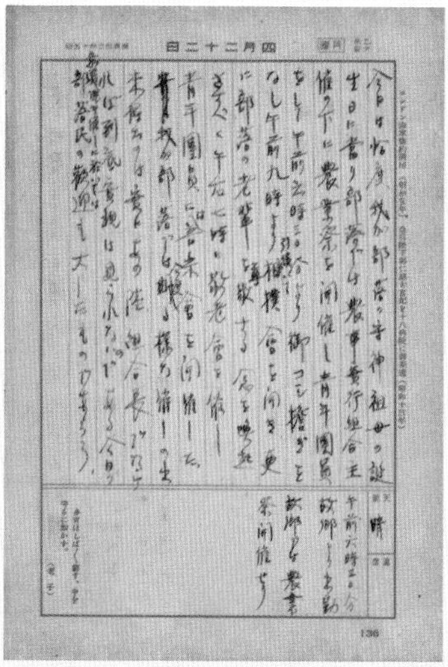

➲ 陸季盈1940年4月22日的日記。
（館藏號2009.001.0009）

2 皇民化時期的農村信仰維持

透過陸季盈在一九四〇年的日記，可以看出官方逐漸滲入農村的過程，但也可知當地民眾如何巧妙運用智慧維繫信仰。陸氏在一九四〇年四月二十二日寫下：「今天剛好是我們部落（指村落）守護神祖母（即媽祖）的誕辰，在農事實行組合主辦下，部落裡舉辦了農業祭。上午六點三十分，由青年團員抬神轎，接著上午九點，舉行相撲競技……這次我們部落裡能夠一連串舉辦這麼多活動，要是沒有陸組合長的話，是無法實現的。像今天這些深具意義的祭典活動，應該會受到部落民（指村落民眾）很大的歡迎。」

一九四〇年是臺灣重要的寺廟整理運動全盛時期，由於臺灣總督府對此運動以「尊重民意，不要太過勉強」方針，各地方政府推行程度不一，高雄州的整理比例爲全臺第二，高達百分之五十四的寺廟被廢止或合併，臺灣民間信仰祭典也多由於戰爭，而官方又不允許鋪張浪費而停辦。但官方主導成立的社會教化團體五里林農實組，卻在組合長陸雲皆主導下，舉辦實爲媽祖祭典的「農業祭」，並動員青年團員抬神轎，除顯示人民的智慧外，也代表如何將臺灣人的歲時節慶，包裝成日本式的外觀。

國民學校
國語課本
初級首冊
暫用本
臺灣省
國語推行委員會編

14 語言中的時間線索

國民學校國語讀本暫用本初級首冊

館藏號 2010.031.0001
年代 1958 年
材質 紙質
尺寸 13.1 公分 ×18.6 公分 ×0.5 公分

當國語從日語變成華語

政權的更替常伴隨著語言與教育政策的改變，不同時期的執政者，常試圖透過教育改變當地人民使用的語言。在歷史的長河裡，臺灣自清代、日治時期、二戰戰後，分別爲清政府、日本政府、中華民國政府所治理。這件臺史博的藏品《國民學校國語讀本．暫用本初級首冊》，由臺灣省國語推行委員會主編，從本件藏品使用的語言、名稱，卽可推敲出所屬的時間線索。該書封面文字爲國語（卽華語），且皆附有注音。發行時間爲一九五八年（民國四十七年）八月，由臺灣省政府教育廳發行，正是戰後推行國語運動的時期。

傳教士成為語言學家

自鴉片戰爭後，清帝國開放通商口岸，外國傳教士因此能來清國傳教，當時也有來到臺灣的傳教士。傳教士帶著熱情傳揚宗教福音，爲了達成這個使命，甚至變成了語言學家，用羅馬拼音書寫並讀出想要傳教地區人們使用的語言，爲沒有書寫系統的語言，建立了相應的書寫系統，並將聖經翻成當地語言，這些系統對於當地語言文化的傳承做出了重要貢獻。例如，原來臺語並沒有統一的書寫系統，由傳教士建立了羅馬字（稱爲「白話字」）書寫系統，傳教士創辦的《臺灣府城教會報》（後改名爲《臺灣教會公報》）是臺灣的第一份報紙，就是使用羅馬字書寫，此外還有羅馬字版聖詩跟聖經。

貫徹百年，始終如一的「國語」政策

族群多樣的臺灣，是一個使用多元語言的社會，到了日治時期，日本人建立統治政權，才開始有對臺灣人推行單一語言的「國語」（即日語）政策，首先成立國語傳習所，後則在臺灣各地廣設公學校，施行初等教育。當時日人官員爲了統治順暢，也學習臺灣話，如以臺灣總督府民政局學務部發行的《臺灣十五音及字母詳解》，介紹臺灣話的語音、音韻系統。

日人所推行的語言教育政策，初期採取較爲和緩的方式，允許漢文與日語雙語並行，隨著統

國語章佩用證
高等科第二學年
王添福
右者第一學期間國語使用
成績優良ニ付本學期間國
語章佩用ノ特典ヲ授與ス
昭和十二年九月一日
寶公學校

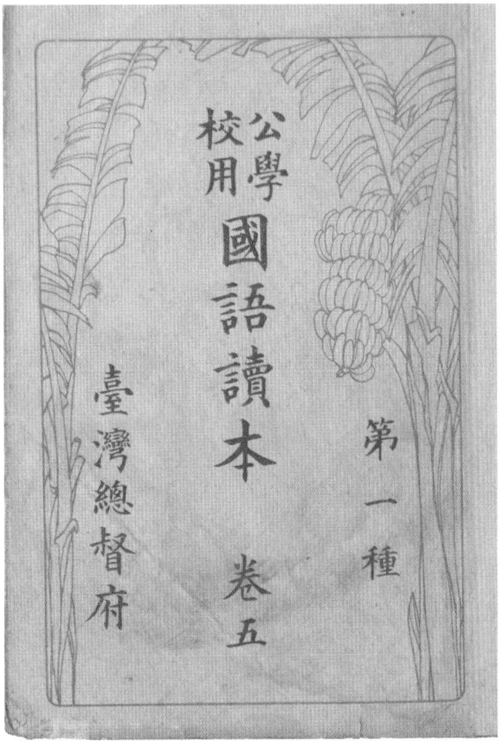

臺灣總督府《公學校用國語讀本第一種》卷五。（館藏號 2003.008.0518）

臺灣總督府民政局學務部《臺灣十五音及字母詳解》。（秋惠文庫暫存，登錄號 T2018.001.6927）

王添福昭和 12 年寶公學校高等科第 2 學年第 1 學期國語章佩用證。（館藏號 2014.030.0016）

治的時間漸久，逐步加強推行力道，到了日治末期，實施「皇民化運動」，試圖將臺灣人變爲日本皇民。推行方式除了廢除報紙漢文欄、於一九四二年下令《臺灣教會公報》停刊等強制作法外，也利用建立榮譽感、獎勵等方式，例如王添福先生於一九三七年（昭和十二年）就讀寶公學校高等科二年級（相當於現在的國中二年級）時，因爲使用國語成績優良，學校特授與配戴國語章的證書表揚。

臺灣人有了第一次的「國語」經驗，到了戰後，對於所謂的「國語」推行並不陌生，而中華民國政府推行華語的勢頭又更爲強勁。除了透過國語演講比賽、作文比賽等方式「鼓勵」國語外，另一方面，「六年級」以前的世代，在求學階段，要學習ㄅㄆㄇㄈ注音符號，而且常因在學校講母語被處罰。同時，政府也禁止教會使用羅馬字傳教（一九六九

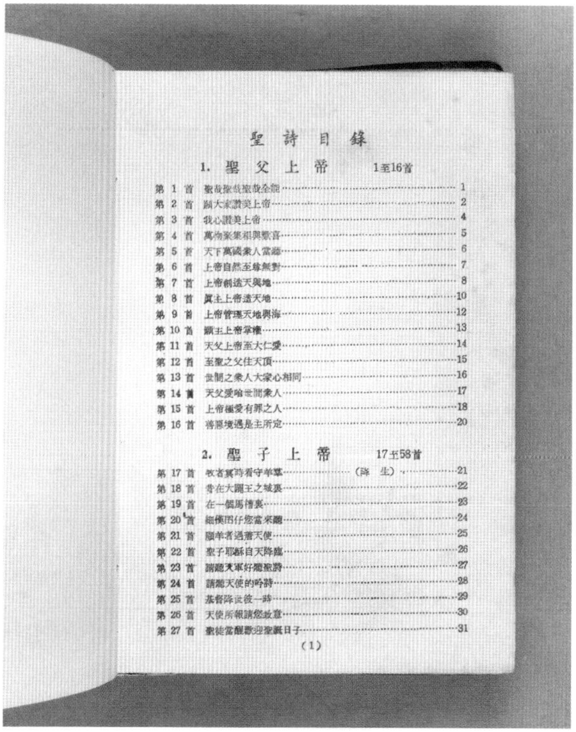
聖詩目錄

1. 聖父上帝　1至16首

第1首　聖哉聖哉聖哉全能……1
第2首　願大家讚美上帝……2
第3首　我心讚美上帝……4
第4首　萬物聚集相與歡喜……5
第5首　天下萬國衆人當讚……6
第6首　上帝自然至尊無對……7
第7首　上帝創造天與地……8
第8首　眞主上帝造天地……10
第9首　上帝管理天地與海……12
第10首　願主上帝掌權……13
第11首　天父上帝至大仁愛……14
第12首　至聖之父住天頂……15
第13首　世間之衆人大家心相同……16
第14首　天父愛咱世間衆人……17
第15首　上帝極愛有罪之人……18
第16首　萬般境遇是主所定……20

2. 聖子上帝　17至58首

第17首　牧者冥時看守羊羣……（降生）……21
第18首　昔在大衛王之城裏……22
第19首　在一個馬槽裏……23
第20首　細漢囝仔您當來觀……24
第21首　牧羊者遇著天使……25
第22首　聖子耶穌自天降臨……26
第23首　請聽天軍好聽聖詩……27
第24首　請聽天使的吟詩……28
第25首　基督降世彼一時……29
第26首　天使所報請您注意……30
第27首　聖徒當醒歡迎聖誕日子……31

（1）

臺灣教會公報社發行中文版《聖詩》。（館藏號 2016.021.0009）

年全面禁止），從臺史博收藏的、臺灣教會公報社於一九六〇年代初期發行的中文版聖詩，可知當時政府的單一語言政策，亦卽聖詩須改爲中文版，使得信徒離羅馬字書寫系統愈來愈遠，也造成臺語傳承的斷層。

在教育普及、學習自由的時代，有需求就會有供給，從市場上流行的語言學習讀物，就可窺知當今社會所看重的語言，同時也反應出當下的語言強弱的權力展現。現今兒童讀物有注音學習讀本，英語的學習讀本也充斥市面，充分反映了家長想要贏在起跑點，有國際競爭力的想法。文物上所使用的語言，提供了我們關於時間的線索與印記。（余瓊怡）

延伸閱讀

・林育辰，〈戰後初期臺灣推行國語運動之探討：1945-1949〉，《環球科技人文學刊》二十七期（二〇二一年二月），頁十九—三一。
・張學謙，〈臺灣語言政策變遷分析：語言人權的觀點〉，《臺東大學人文學報》三卷一期（二〇一三年六月），頁四五—八二。

王子
創刊號
老師和家長同聲讚譽的
少年
女綜合雜誌
十二月十五日號

15

臺灣兒童刊物的時間戰

《王子》半月刊創刊號

館藏號 2020.033.0023
年代 1966 年
材質 紙質
尺寸 18 公分 ×25.5 公分 ×1.6 公分

臺史博有幸於二〇二一年邀請政治受難者暨兒童雜誌《王子》半月刊創辦人蔡焜霖前輩到館內參觀庫房，當時臺史博爲了籌備國家漫畫博物館，特別展示近年收藏的《王子》創刊號、《東方少年》兒童雜誌，及文昌出版社於一九六〇年代初出版的漫畫單行本，這些雜誌與漫畫都反映了蔡焜霖在臺灣漫畫產業所留下的點點足跡。蔡焜霖拄著拐杖，駐足在《王子》創刊號前許久許久，在博物館專業人員協助下逐頁逐頁地閱覽，一一指認曾經一起打拚的夥伴們——蔡吉豐、陳文富、王朝基等人，彷彿回到昔日帶領著文昌出版社、王子雜誌社的夥伴們另闢蹊徑的時刻。

兒童刊物的時間戰場

出版常常是跟時間賽跑的產業，如何比別人取得更新的內容、比別人更快地把刊物送到讀者手上，都是生存的關鍵。簡單來說，這是一場時間的戰爭。《王子》半月刊雖然創刊於一九六六年，但是團隊成員早已投入臺灣戰後兒童刊物的戰場。約一九五〇年代開始，各式兒童刊物開始推陳出新，綜合兒童雜誌《東方少年》也在一九五四年由游彌堅等人共同創辦，《王子》半月刊未來的創辦人蔡焜霖及副社長廖文木則先後加入《東方少年》月刊團隊，前者主要負責編輯，後者則負責印刷、人工分色等。一九五〇年代左右，這種綜合兒童雜誌非常受歡迎，根據漫畫研究者陳仲偉的《臺灣漫畫記》所載，與《東方少年》風格類似的《學友》每個月都可以銷售至少二萬冊。

然而這樣的榮景，卻在一九五〇年代末有了極大的改變——全漫畫的週刊開始進入兒童閱讀市場。黃宗葵領軍創立少年雜誌社推出《少年週

《少年週刊》第 80 期。（館藏號 2020.033.0360）

刊》，網羅陳定國、劉興欽等漫畫家的作品。不同於《東方少年》這種綜合月刊，《少年週刊》一類的漫畫週刊，全書都是一篇一篇的連載漫畫作品，讓讀者看完之後等不及想看下一週的新刊。面對整本都是連載漫畫的週刊，作為月刊的《東方少年》雖內容豐富，但仍不敵競爭，因此於一九六一年停刊。

《王子》半月刊成員大集合

面對這樣的挑戰，當時還是《東方少年》月刊員工的廖文木與編輯蔡焜霖，想到他們小時候常看的日本漫畫書，經歷一番思量，決定轉型為漫畫出版社，因此成立文昌出版社。文昌出版社時期所集結的許多漫畫家未來都成為《王子》半月刊長期的中流砥柱，他們在文昌時期磨練畫技，在《王子》時期綻放光芒。

文昌出版社為了跟前面提及的漫畫週刊一別苗頭，發展出版速度極快的漫畫單行本。當時文昌出版社特別在現在國立臺灣師範大學附近張羅了宿舍，提供給來自中南部的年輕漫畫家們，其中包含初出茅廬的范萬楠、蔡志忠、蔡吉豐等人。出版社便與這些漫畫家約好一週交一次稿，蒐集到稿件後，出版社就安排每天出版一位作者的漫畫單行本，形成文昌出版社「一日一書」的策略。對手一週才出一本漫畫雜誌，雖然裡面不只一篇漫畫故事，但是文昌出版社的漫畫每天都有新刊，扭轉了《東方少年》月刊時期的困境。

正當文昌出版社利用日日都有新書的策略反轉了《東方少年》月刊時期的劣勢時，《編印連環圖畫輔導辦法》開始實施，所有的漫畫出版品都得要通過審查才能出版，審查曠日廢時，而且審查費用十分昂貴，許多漫畫業者紛紛轉行。文昌出版社也在這時跟漫畫家們約定好最後收稿期之後，就要熄燈了。

重新崛起

這些彷彿被出版社拋棄一般的漫畫家們十分徬徨，因此去找當時早就離開文昌出版社的編輯蔡焜霖商量。大夥兒思來想去，決定走回《東方少年》兒童雜誌的老路，在一九六六年創辦了《王子》半月刊雜誌。爲了規避《編印連環圖畫輔導辦法》的規定，《王子》半月刊刻意將內容切分爲百分之八十的文字內容、百分之二十的漫畫，如此就不用事先送審。雖然當時的團隊成員以漫畫家爲主，但是文字內容的部分，編輯們也是卯足全力，開發出紙上電影、鄉土特輯、各大企業的參觀記等專欄。至於出版頻率，考量到《漫畫大王》一類的漫畫週刊已將兒童雜誌的週期提升到一週一期，加上當時電視也開始成爲一般人日常娛樂的選擇之一，因此沒有辦法回到《東方少年》月刊的出刊頻率。但是綜合雜誌又不如漫畫單行本，沒有辦法單靠漫畫家，創造一天一本的奇蹟，決定折衷，改採兩週一次的半月刊模式。

《王子》半月刊像是臺灣戰後曾經輝煌的兒童刊物出版史的縮影，從《東方少年》月刊到文昌出版社的「一日一書」，這群創作者及編輯們努力地縮短出版週期，以爭取更多的商機。面對一次次的阻礙，他們絞盡腦汁，利用自己的專業以及想像力，屢次利用時間開創出新的轉機。《王子》半月刊創刊號顯示出臺灣出版業者的雄心及創意，他們從自己的生命經驗中尋找縮短出版時間的可能，並努力不遺棄任何的夥伴。（黃悠詩）

文昌出版社王牌漫畫家之一，本名范萬楠的藝南所繪之《美劍客》第 1 集。（館藏號 2020.033.0221.0001）

延伸閱讀

・游珮芸、周見信，《來自清水的孩子 Son of Formosa 3：《王子》時代》。臺北：慢工出版社，二〇二一。

・蔡焜霖，《逆風行走的人生：蔡焜霖的口述生命史》。臺北：玉山社，二〇一七。

♦ 從原子小金剛到小飛龍

臺史博同仁在二〇二一年帶著《王子》創刊號等漫畫文物拜訪蔡焜霖。蔡先生一頁一頁地翻閱《王子》創刊號，看到漫畫〈小飛龍〉時，他回想起漫畫家陳文富，還連帶提到創刊號封面照片的孩子就是陳文富的姪子。

如果仔細觀看〈小飛龍〉的角色設計，讀者大概會覺得與日本漫畫大師手塚治虫的原子小金剛有點類似。臺史博也有收藏文昌出版社所出版未經授權的原子小金剛漫畫單行本，封面就是陳文富所繪，他在文昌時期臨摹手塚治虫的作品，在畫技純熟後，便在《王子》半月刊創刊號創作了屬於自己的作品。

◆ 陳文富所繪的〈小飛龍〉。（館藏號 2020.033.0023）

◇印刷中的紙張與色彩

構成一本書籍的主要結構，不外乎有封面與內頁。內頁紙張並非一頁一頁單獨印刷，而是由一張大張的「全紙」經摺頁、堆疊與排序後，形成多張書頁；若從裝訂工序而言，一疊疊經摺頁的內頁，就是「一台」（或稱之為摺疊台）。而一台的頁數，通常會考量印刷紙張的厚度、裝幀的限制，並求不浪費全開紙為前提，普遍而言，一張全紙折成一台，一台通常是十六頁或三十二頁。從《王子》半月刊的側面書背結構再比對內頁頁數，可以發現，本書是十六頁一台，總頁數為一百八十四頁，相除後會發現數字無法整除，據此推論，此書可能有缺頁的情形。

《王子》半月刊的封面印刷，經顯微放大二百三十倍後，清楚可見三原色的油墨，以點狀網點的形式呈現，構成我們在視覺上看到的彩色印刷，而內頁的內容，則以單色印刷呈現，推測是印刷效率與成本考量。（鄭勤思）

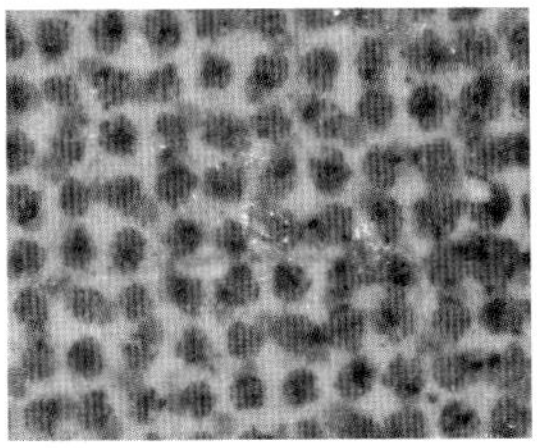

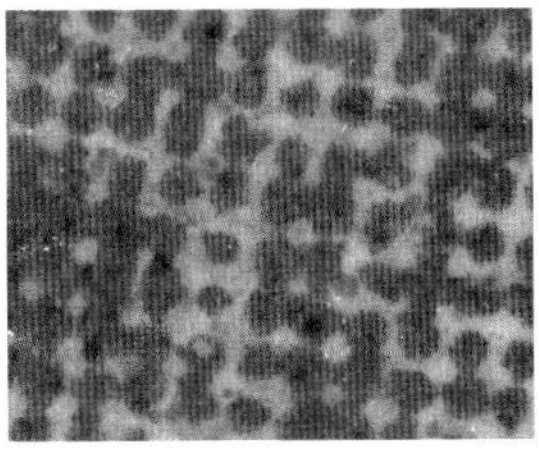

封面印刷的三原色油墨（青色、洋紅、黃色）。

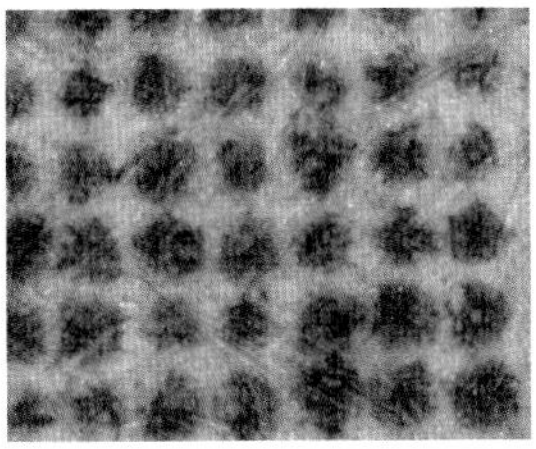

內頁的單色油墨。

寫眞師 遠藤誠編

輯二

非常

主題三

戰爭與動亂

·同治二年剿戴林二逆之亂五品軍功頂戴功牌·

·《征臺軍凱旋紀念帖》·

·手搖警報器·

·皮質行李箱·

·大陳地區來臺義胞接待證·

·戒嚴通行臂章·

·馬祖戰地洗蝦皮照片·

·金門砲宣彈彈殼·

功牌

欽命統領全臺營務[illegible]福建全省水師提督軍門曾

賞給功牌事照得臺灣戴林二逆謀為不軌陷城戕
官現經本軍門統領水陸大軍痛加剿洗並諭令各
村庄聯絡丁壯協同堵捕茲查有自備資斧曾懷玉
團練丁壯剿匪出力堪以賞給五品頂戴功牌以示鼓
勵合行給委為此牌仰該義首遵照即以五品頂戴
隨軍進剿務須益加勸奮以膺拔擢仍俟事竣再行
確查稟明諮
部須至功牌者

右牌給五品軍功頂戴曾懷玉准此

同治二年十一月廿一日給

提督軍門行

限 擢 日繳

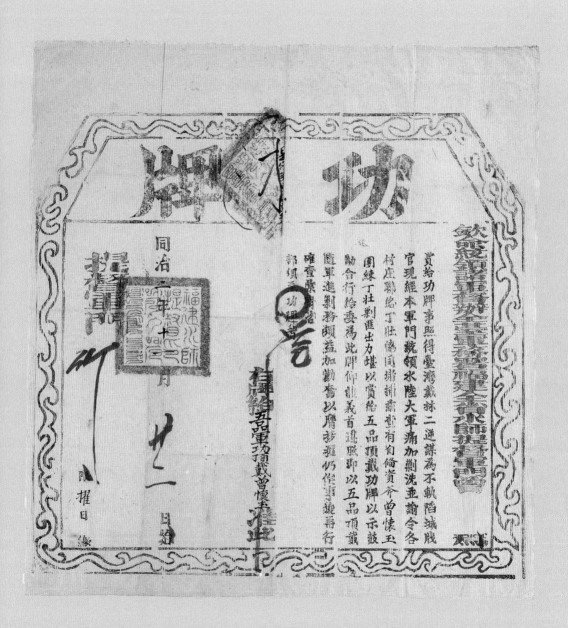

16

先領功，再辦事

同治二年剿戴林二逆之亂五品軍功頂戴功牌

館藏號　2003.010.0082
年代　1864 年
材質　紙質
尺寸　56.9 公分×59.8 公分

自「民變」而起

清代臺灣的社會環境充滿著各種生存變數，原漢衝突、閩客械鬥、會黨遊民問題等等，各種規模不一的暴力事件屢見不鮮。當衝突進一步擴大，燃起的火勢蔓延到周圍聚落，乃至橫跨許多區域，甚至使得全臺陷入動盪，此時就演變成官方所謂的「民變」。

清代臺灣著名的三大民變，朱一貴、林爽文與戴潮春事件，有各自的發生背景與歷程，本文要介紹的「同治二年剿戴林二逆之亂五品軍功頂戴功牌」（以下簡稱同治二年功牌），即與其中發生年代最晚、歷時最久的戴潮春事件有著很深的淵源。

席捲中部之「亂」

「同治二年功牌」誕生的一八六〇年代，大清帝國國力已今非昔比。一八四〇年（道光二十年）英清展開第一次鴉片戰爭，此戰使得清帝國開放口岸通商，也同時揭開社會紛亂的序幕。十一年後，太平天國在廣西起事，動搖整個中國南方，連帶地使朝廷無暇顧及邊陲的臺灣，間接導致清代臺灣俗稱「萬生反」的戴潮春事件（以下簡稱戴案）爆發，成爲歷時最久的民變。本件文物名稱裡提到的「戴林二逆之亂」便是指戴案。

戴案從一八六二年（同治元年）開始，一路持續到一八六五年（同治四年）才落幕，是由兩大巨頭戴潮春與林晟相互響應而起。戴潮春曾任軍中職務，後來接手兄長的八卦會，舉辦團練，原已向官方報備，還曾接受委託緝捕盜匪。然而組織愈加龐大後，逐漸難以掌控，引起官兵的注意，一八六二年農曆（下同）三月，臺灣兵備道孔昭慈帶領林晟等地方豪紳，一同前去征討天地會成員，但途中林晟倒戈，官兵慘敗。經此事件後，戴、林兩股勢力各自起事，兩人皆稱「大元帥」，全臺各地也陸續有人響應，反抗軍便在今大甲以南、嘉義以北的地區展開攻勢，先攻陷彰化城，陸續也在霧峰、嘉義、斗六、鹿港等地有過激烈戰役。

由於清帝國連年對太平天國的征戰，駐守於臺灣的官兵訓練不足，而且數量也遠少於反抗軍，戴案初期，清帝國多倚靠地方團練奮勇抵抗，另外，先後也派曾玉明、曾元福等人來臺協防，才能維持住戰局。然而，因爲戴林二人並無默契配合，又沒有縝密計畫，而且戴案地方勢力互鬥的成份遠高於反清抗官，加上響應起事的地方豪強時不時叛逃，雖然歷時長，卻始終無法擴展勢力範圍。一八六三年（同治二年）十月，新任臺灣道丁曰健，以及霧峰林家的林文察，分別由新竹和安平往中部進攻，戴潮春與林晟兩大巨首分別在十二月與翌年一月被擒獲，之後便只剩零星地方勢力在掙扎。

後給的是獎勵，先給的叫利益

什麼是功牌呢？或許可以理解成現在的獎狀，是清代發給在戰事中有功的將士或地方人士的獎牌，代表著可獲得不同品秩的「頂戴」。「頂戴」是清代官帽頂端的珠飾，依照材質的不同來區

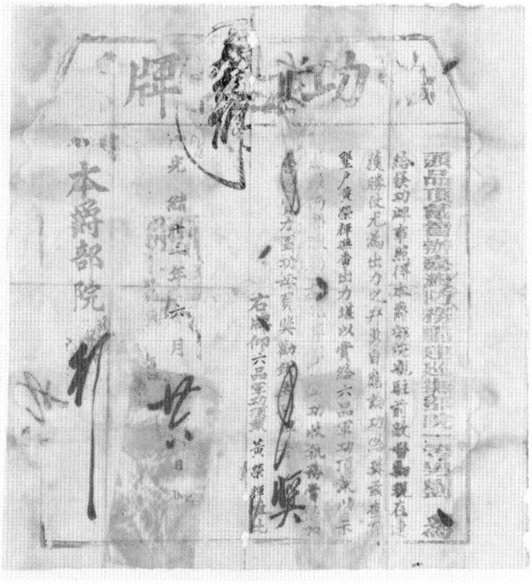

陸路提督軍門林文察賞用六錢銀獎武牌；林文察是清代臺灣著名將領，不僅西渡剿平太平軍有功，也返臺協助平定戴潮春事件。（館藏號 2013.020.0442）

1887 年（光緒 13 年）劉銘傳為「撫番有功」賞賜墾戶黃榮輝的功牌。（館藏號 2003.010.0083）

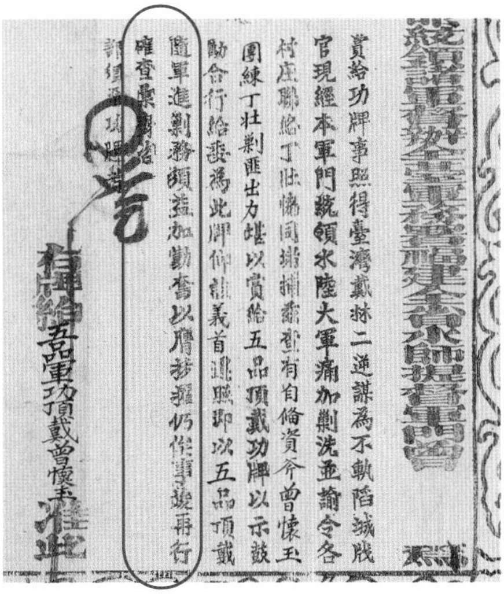
賞給功牌事照得臺灣戴林二逆謀為不軌陷城戕
官現經本軍門統領水陸大軍痛加剿洗並諭令各
村庄聯絡丁壯協同堵捕茲查有自備資斧曾懷玉
團練丁壯剿匪出力堪以賞給五品頂戴功牌以示鼓
勵合行給發為此牌仰該義首遵照即以五品頂戴
隨軍進剿務須益加勤奮以膺拔擢仍俟事竣再行
確查彙請
右牌給五品軍功頂戴曾懷玉 准此

◐ 新竹李錫金家族後人捐官夏季涼帽。「頂戴」是清代官帽最重要的構件，從本件涼帽的頂戴推估，本帽大約為七品官職，使用鎏金作為頂戴材質。（館藏號 2009.002.0001.0002）

◑ 同治 2 年功牌細部，寫有「俟事竣再行確查」等語。

分不同品級的官位。因此，得到該品功牌的人士，即同時被授予了使用該品頂戴的資格，等同於取得相等地位的功名，身分不可與一般平民同日而語，是一種榮耀的身分地位象徵。

如果進一步解讀本件功牌的內容，會發現似乎與現今先有功再受獎的認知有所不同。

從文字間透露的意思看來，這份功牌並不是立下軍功後，才受官方頒發，而是仗還沒開始打，就先頒發給受獎人，約定受獎人必須協助官兵作戰。「先領功，再辦事」的情形，在清代末期不算特例，就如戴案發生的時間點，各地官兵的數量與品質皆有下降的現象，此時就需要仰賴一般平民的幫助。不過，選邊站的行爲本身具有一定的風險，如果押錯寶，加入的陣營敗下陣來，那另一方並沒有手下留情的理由。因此，爲了成功攏絡在地勢力，官方便會使出利誘的手法，壯大自己的武力。

恰巧的是，如果我們將本件功牌落款的「同治二年十一月」這個時間點加入思考，便會注意到此時正好是清廷將目光從閩浙移到臺灣，打算認眞處理戴案的時刻。從該年十月開始，丁曰健與林文察便分別由北和南向中部展開攻勢，到了十二月時，決定發動致命性的打擊，也成功擊破戴潮春與林晟兩軍。若以這樣的時間線來推算，官方從十月開始積極剿平反抗勢力，而爲了增加友軍，同時減少潛在的敵人，在十一月，先以功牌攏絡地方團練支持己方，無疑是傑出的策略，也成功協助了官兵，使十二月份的剿滅作戰得以順利完成。

功牌本身不僅是代表著軍功與受獎者，本身也見證了戰事關鍵時刻。（張鈞傑）

延伸閱讀

· 許毓良，《清代臺灣軍事與社會》。北京：九州出版社，二〇〇八。
· 戴炎輝，《清代臺灣之鄉治》。臺北：聯經，一九七九。
· 蔡青筠，《戴案紀略》。臺北：臺灣銀行經濟研究室，一九六四。

◆「團練」的崛起

「團練」是清代臺灣的民兵制度，是一種召集街庄內的丁壯，制定組織章程，訓練來守鄉衛土的組織。在道光朝以後（一八二一年以後），清廷內憂外患不斷，軍隊素質降低，只好利用民間的力量來守衛鄉土。不過由於自擁武力，當團練首心懷不軌時，往往也會成為一支強悍的敵對勢力，如戴案中戴潮春的軍力，以及林晟的林家軍，都是由團練轉變而成。

戴案爆發期間，僅靠綠營軍無法有效抵禦反抗軍的進攻，因此地方人士也組織團練相抗衡，如斗六門戰役、鹿港聯莊戰役等，都不乏團練鄉勇奮力抗敵的身影，團練對於安定清末地方社會的重要性不言而喻。

◇見證戰事時刻的手工紙

如果將此件功牌放置於光桌上，可以看見抄紙簾紋，此外，本件紙張纖維邊緣也不平整，這兩個特徵，都是手工紙的蛛絲馬跡。

另外，在文物的下緣，有一處紙漿顯得特別不均勻，這是因為在紙張製作的過程中，會將抄紙槽內的紙漿，藉由職人技巧性地來回擺盪，使得紙漿可在抄紙框的竹簾上均勻分布（《天工開物》稱此為「蕩料入簾」），而在此過程中，假使有水正巧滴在紙漿上，便會產生這種不均勻，這其實也是手工抄紙比較常見的特徵。

此外，在功牌的「功」字上，也能看到木刻版的特色，縱向的木紋痕跡清晰可見。整體而言，這類型的功牌大多是以木刻凸版方式印製，再以墨書寫為何事而獎勵等文字內容。（鄭勤思）

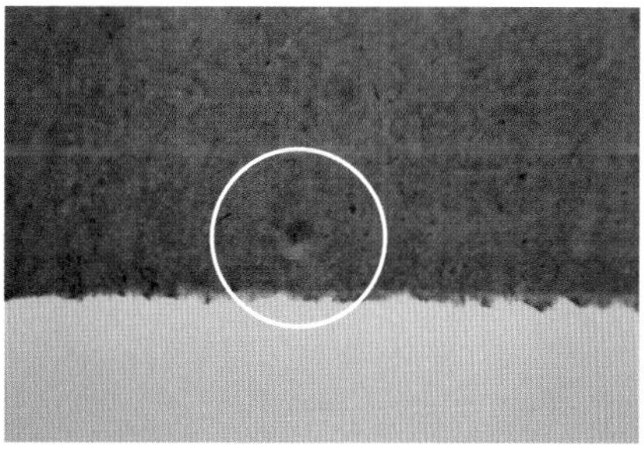

不均勻的紙漿。

「功」字上有清晰的縱向木紋。

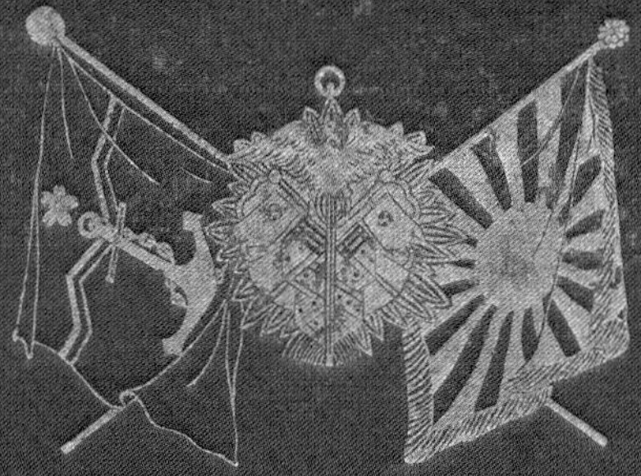

征臺軍凱旋紀念帖

從軍寫眞師　遠藤誠編

征臺軍凱旋紀念帖

東京　裳華房發行

17 乙未之役照片裡凝固的時間

《征臺軍凱旋紀念帖》

館藏號	2001.008.0103
年代	1896年
材質	紙質
尺寸	19.2公分×26.5公分×2.3公分

多元媒體素材爭鳴的十九世紀

十九世紀視覺相關的資料，除傳統畫報等圖像資料外，也出現運用相機等新技術拍攝的照片資料，當時的照片資料也成爲新聞年畫、戰爭浮世繪畫報或報紙插畫的參考素材。

相較於畫報摻雜較多畫家想像，照片這項新的媒體素材，提供了較爲客觀的元素；然而，照片也並非全然客觀，尤其是牽涉到諸如戰爭交戰雙方不同的立場時更是如此，此外，當時的技術也有所侷限，無法如當代的戰爭照片，呈現第一手衝擊的戰爭場景，多數是事後拍攝。收錄一八九五年乙未之役臺灣戰爭相關照片的《征臺軍凱旋紀念帖》（以下簡稱《征臺紀念帖》），即有著上述攝影者主觀層面與事後拍攝的特質。

THE TAIPEI SETTLEMENT AND THE RAIL-WAY-BRIDGE ON THE TAMSUI RIVER, FORMOSA
版權所有（陸地測量部）
臺灣島臺北淡水河畔居留地及鐵道橋一部の光景

臺灣島臺北淡水河畔居留地及鐵道橋一部分光景，本圖應為大稻埕一帶的風景，遠處並有劉銘傳時期建造鐵路的橋梁，左下角標示「陸地測量部」版權所有字樣，顯然是該部拍攝。

戰爭與從軍寫真師

一八九四年，清日因朝鮮問題爆發甲午戰爭，清軍戰事失利，最終簽訂《馬關條約》，清國割讓遼東半島（後受列強干涉歸還）與臺澎，臺灣官紳決定籌組臺灣民主國對抗，成立抗日軍抗拒接收，於是爆發了一八九五乙未之役。

為了報導甲午戰爭與乙未之役，日本媒體派出大量的從軍記者、畫師與寫眞師（即攝影師）等，隨軍製作文字及圖像報導。日軍係於一八九五年五月登陸臺灣本島戰場，但遲至九月，日軍陸地測量部才終於派遣寫眞班至臺灣拍攝。《征臺紀念帖》作者遠藤

View of the 4th Brigade of the Second Division crossing the R. Tonkiang. (Taken on the 11th., November, 1895.)
明治廿八年十一月十一日撮影
第二師團第三旅團第四聯隊海軍の援護を受け東港河口を渡步するの光景
The attack of Tsu-wun River by the Japanese Field Artillery of the Second Division. (Taken on the 20th., October, 1895.)
明治廿八年十月廿日撮影
第二師團野戰砲隊曾文溪攻擊の光景

上圖：第二師團第三旅團第四聯隊接受海軍掩護橫渡東港溪口光景（1895 年 10 月 11 日）。
下圖：第二師團野戰砲隊攻擊曾文溪光景（1895 年 10 月 20 日）。

誠與其兄遠藤陸郎即為從軍寫眞師，兩人原在日本仙台市開設遠藤寫眞館，甲午戰爭期間兄弟倆擔任日軍第二師團從軍寫眞師。遠藤陸郎於一八九五年九月出版《戰勝國一大紀念帖》，遠藤誠繼兄長之後編輯《征臺紀念帖》，於一八九六年五月出版，收錄一百二十餘張征臺相關照片，並有長文〈征臺記〉，詳述一八九五年三月起日軍占領澎湖，至一八九六年四月第二師團返日的戰況。日本在明治維新後，透過甲午戰爭跟乙未之役，促使日本的民族主義昂揚，這些關於戰爭的作品，尤其是照片，使得一般國民更容易理解戰爭情形。

相簿中如積木般重組的戰爭時間

《征臺紀念帖》中的照片經過遠藤誠精心安排重組，這些照片並非都是由他所拍攝的，也有陸地測量部拍攝的照片，顯然是當時他所能蒐集到的臺灣相關照片。第一到二十八張是明治天皇以下日軍將領照，第二十九張則是抗日方將領的劉永福照，再來則依照澎湖、基隆、臺北、新竹、枋寮、布袋口、東港、曾文溪、鹽水港、安平、臺南、日軍凱旋的順序編排，其排序隱含勝利者的邏輯與時間序列，諸如大量的日軍將領照片以及僅此一張的抗日將領劉永福照片，間接隱喻日方的強大，以及從日軍攻臺到最後獲勝凱旋的照片編排順序，宛如一場精心策劃的戰爭敘事時間軸線。

本書中的照片大致可分為戰爭場景照、非戰場實況的軍事照（前兩類的照片常被混合編列，導致後人容易誤讀）、臺灣各地的風景與習俗等。一般而言，甲午戰爭與乙未之役的照片，大多有意識地淡化戰爭的殘酷場面，這是由於日本官方控管戰爭殘酷照片，因此關於戰場的慘狀照片留存不多。但因本書是民間出版，留下兩張珍貴照片，分別記錄戰死於鹽水港的黑旗軍，以及曾文溪戰後「敵兵」（指臺方）屍體情況。（陳怡宏）

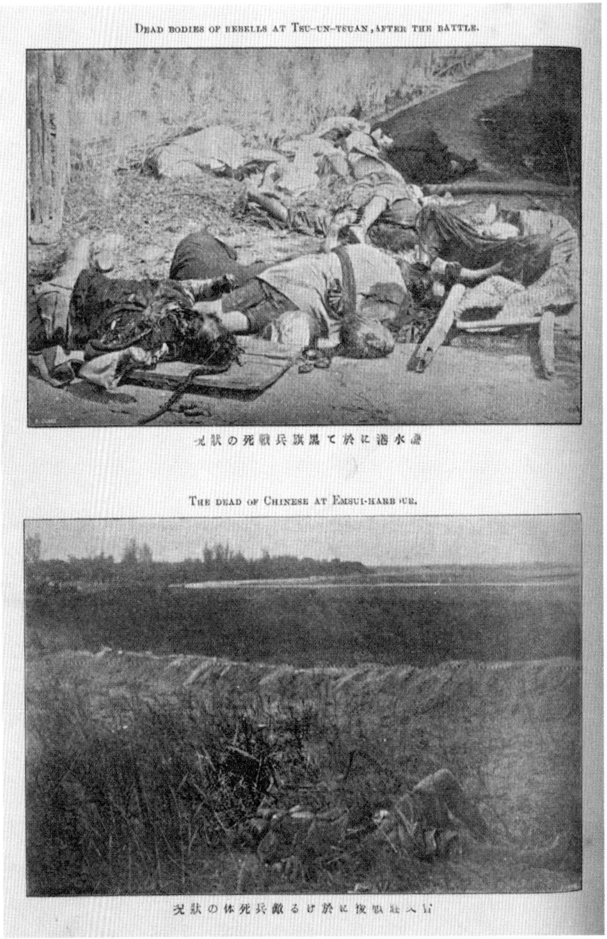
DEAD BODIES OF REBELLS AT TSU-UN-TSUAN, AFTER THE BATTLE.
鹽水港に於て黒旗兵戰死の狀況
THE DEAD OF CHINESE AT EMSUI-HARBOUR.

上方為戰死於鹽水港的黑旗軍狀況，下方為曾文溪戰場上的屍體。

THE JAPANESE OFFICER IS ADVISING TO THE CHINESE WORKMAN IN THE PROVISIONAL OFFICE, FORMOSA.
版權所有（陸地測量部）
臺灣島新竹市街聖廟內兵站部に於て支那人夫に諭示する所の狀況

◆ 接受日軍徵集的臺灣苦力們

這張照片題名為「於臺灣島新竹市街聖廟內兵站部諭示中國苦力的狀況」，左方有版權所有（陸地測量部）字樣，由於該部寫真班為九月後才到臺灣，推測這是九月後的照片。日軍占領一地後，通常會選擇大家族住宅或廟宇作為駐紮場所，從圖中可以看出兵站部（即後勤補給單位）人員在向當地苦力進行宣導，後方有告示，傳達命令時，通常會經過雙重翻譯，即有懂日文跟官話的人，以及懂官話與當地語言（臺語或客語）的人。將日文先翻成官話，再有人將之翻譯為當地語言。本圖右側站立柱子旁的外國人，是當時跟著日軍採訪的美國記者達飛聲（James Davidson）。由此圖也可看出，在當時，戰爭並非雙方絕對敵對的態勢，日軍仍可找到當地民眾擔任搬運工人，即為一例。

延伸閱讀

- 傅月庵，〈乙未戰役影像史料判讀上的一些問題〉，《臺灣史料研究》七期（一九九六年二月），頁四十五—五十四。
- 呂理政、謝國興主編，《乙未隨軍見聞錄》。臺北：中央研究院臺灣史研究所、國立臺灣歷史博物館，二〇一五。
- 陳怡宏編，《乙未之役外文史料編譯（一）》。臺南：國立臺灣歷史博物館、潘思源，二〇一八。

18

水螺若響

手搖警報器

館藏號 2004.025.0913
年代 約 1950 － 1970 年間
材質 金屬、木質
尺寸 119 公分 × 19.1 公分 × 29.3 公分

體驗空襲警報

在臺史博常設展的二次大戰區域有部手搖警報器，參觀者可以動手轉動手把，激發鳴輪的旋轉，使警報器發出低鳴聲音，臺史博希望讓觀眾體驗「空襲警報」，藉此傳達歷經戰火的歷史記憶。爲顧及展場的聲音品質，臺史博採用一部仍可操作的舊式手搖警報器，在發音孔上緊貼膠片，儘量達到消音的效果。這部裝置看似簡單，卻是策展團隊試著進行一連串圍繞著相關文物，實際操作、多方設想後的結果。

在策展研究階段，臺史博調用了臺史博既有館藏的四部手搖警報器，也參訪南瀛眷村文物館，操作該館蒐藏的十部各式警報器，分別加以錄音，就音頻詳加聽取比對。初步比對，以聲音的流暢與延展考量，挑選本件釘在木頭機座上、附有長柄的警報器，進行專業級的多軌錄音。在常保寧靜的典藏庫房裡，響起震耳欲聾的警報聲響，可說是極其新奇的文物活化行動，也激起一些關於歷史記憶的延伸思考。

手搖警報器的類型與聲音

就外觀來說，各式警報器有不同的大小、外觀與配件，而使外觀殊異，大致可分固定型和攜帶型兩類。小型警報器可攜帶，機身上有握把，與轉動把手呈垂直方向，以便於一手固定機身、一手轉動把手。較大者採固定型，依使用脈絡而有不同配件，有釘附於木製基座者，或釘在木凳或鐵架上，有在手搖把手上再接取長柄，也有在前端附有長喇叭、附有木箱外罩者等等；運作發聲部分長寬約二十多公分左右，也有達五十公分左右的大型機。

查其機身，有時會發現上面常釘有鑄鐵橢圓形商標，其上註記出品公司，如館藏編號本件機身上便釘有「東京サイレン株式會社」（サイレン卽警報器的日文片假名）商標，其他不同的生產商標，還有「大阪サイレン製作所」（S.S 商標）、「赤尾保商店」（「亞」字商標），攜帶型警報器則有註記公司爲「YAHAGI SILEN MFG. CO. LTD.」（Y.S 商標）。

前述的商標，顯然都是日本製品，查「東京サイレン株式會社」是一九三四年成立、一九五〇年改制後的公司名稱，而「大阪サイレン製作所」則是一九二九年成立（原名上岡製作所）、一九五六年設立的公司名稱，也就是說，似乎僅能查到一九五〇年代之後的產品資訊；我們印象

館藏其他類型的警報器外觀。（館藏號，左：2004.025.0915、右：2004.007.0070）

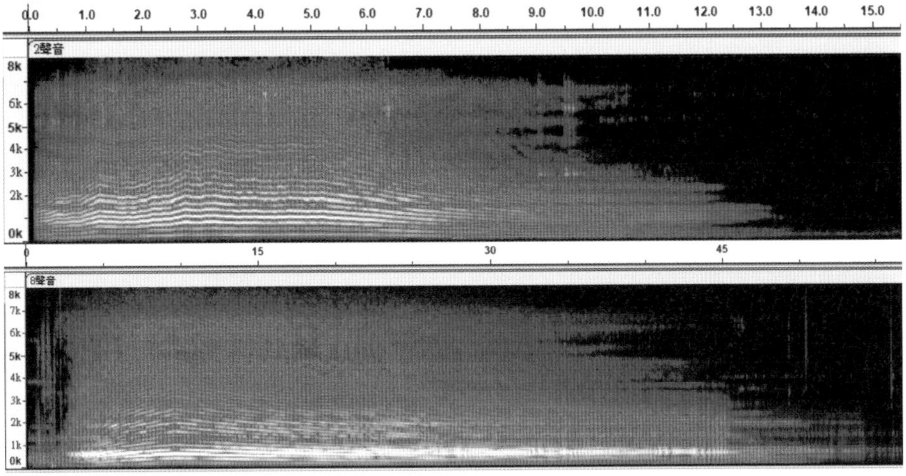

附有擴音鈕的船用警報器，可短暫提高振福。

中，手搖警報器似乎與戰爭有關，但查其年代，又說不定是戰後才進口到臺灣，究竟哪些較早、哪些較晚，又其時代與聲響間的差異，可能要進行更廣泛而有脈絡的蒐藏，或以科學檢測才能研判。

手搖警報器的本體構件，主要是裝置於外、上有發音窗口的定輪，與內部有發音葉片、可高速轉動的鳴輪。手把轉動時，驅動電動機使鳴輪高速轉動，空氣從側面進風口灌入，空氣被高速擠壓通過發音葉片，發出聲音擠出窗口，發生突然提高音頻的響亮鳴聲。持續轉動時，聲音達最高也最響亮後，會維持高頻狀態，手把停歇後鳴輪慣性運作，持續發出頻率漸低的聲音，延展直到停歇爲止。

就實際操作的經驗而言，小型攜帶型的警報器音頻相對較高，延聲較短，中、大型的警報器聲音較低而穩定、延聲效果強，也有帶有鐵鍊轉動的雜音而轉動不順暢者。上面兩張圖，是前兩種情況的運作音頻視覺化圖像，在轉動把手一定時間後，可

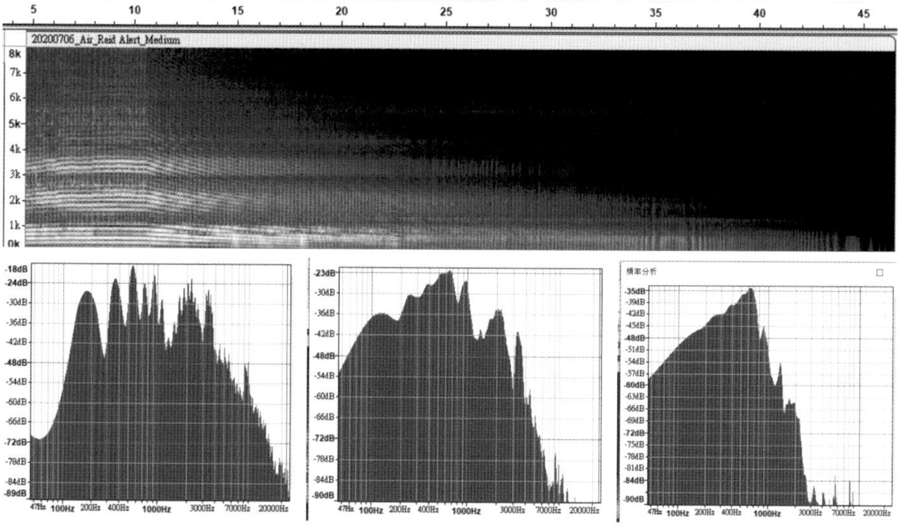

警報聲音的頻譜及「啟動」（5-10 秒間）、「高頻作動」（15-20 秒）、「後期延音」（30-35 秒）三個階段的頻率分析圖。

看到其隨著時間的總體振幅變動和頻率分布，都有明顯的差異。

透過頻率，我們可以進一步分析手搖警報器的聲音細節。上圖是三個階段的頻率分析圖，分別表現「啟動」、「高頻作動」到「後期延音」的頻率分布。手把開始轉動時，六百赫茲到二千赫茲區間的聲音明顯提升，由低到高掃頻（卽聽覺上的滑音現象），並持續到後期，這也就是警報器作動時較遠處能聽見的聲響。另外在手把運轉時，高頻（十五千赫茲以上）有運作聲，手把停止轉動時卽停止，轉動者對這個運作聲應能明顯感受，遠處的聽者則無法聽見。

「水螺」與「螺」：聲景的歷史想像

警報器的聲音，激發我們的歷史想像，對歷經烽火的臺灣長者來說，更是充滿回憶。然而我們要注意到，警報器並不是專屬於戰爭中使用，從歷史名詞的脈絡來看，它的聲音很早就在臺灣社會響起，對更早的世代具有不同的社會意義，它們被稱爲「水螺」。

在戰爭之前，「水螺」主要是用在工廠向周遭員工報時使用，臺灣史學者呂紹理有部知名專著《水螺響起：日治時期台灣社會的生活作息》，就在分析日本時代臺灣社會的時間制度與生活作息。

在一九三〇年代的「歌仔冊」和唱片裡，流傳了一個趣味故事。有個穿著體面的男人，以「陳水螺」爲名、自稱住在有煙囪的工廠裡，白吃白喝、騙財騙色，受害者前去工廠詢問，才發現「陳水螺」是「水螺響起」（臺語：霆〔tân〕水螺）的意思，

指導民眾聽聞警報時應爭相走告的「紙芝居」。（館藏號 2019.031.0292.0002）

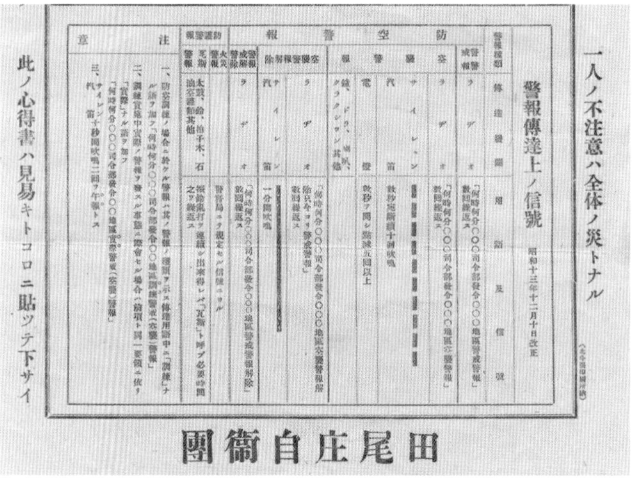

一人ノ不注意ハ全体ノ災トナル

警報傳達上ノ信號

昭和十三年十二月十日改正

警報種類		傳達機關	用語及信號
防空警報	警戒警報	ラヂオ	「何時何分〇〇司令部發令〇〇〇地區警戒警報」數回繰返ス
	空襲警報	ラヂオ	「何時何分〇〇司令部發令〇〇〇地區空襲警報」數回繰返ス
		サイレン	(signal bars)
		汽笛	數秒宛斷續十回吹鳴
		電燈	數秒ヲ間シ點滅五回以上
		鐘、ドラ、喇叭、クラクシヤン其他	
	空襲警報解除	ラヂオ	「何時何分〇〇司令部發令〇〇〇地區空襲警報解除只今ヨリ警戒警報」數回繰返ス
		サイレン汽笛	一分間吹鳴
	警戒警報解除	ラヂオ	「何時何分〇〇司令部發令〇〇〇地區警戒警報解除」數回繰返ス
防護警報	火災警報		警官局ニテ規定セル信號ニヨル
	瓦斯警報	太鼓、鈴、拍子木、石油空罐節其他	振鈴亂打ヲ連續シ出來得レバ「瓦斯」ト呼ブ必要時間之ヲ繰返ス

注意

一、防空訓練ノ場合ニ於ケル警報ハ其ノ警報ノ種類ヲ示ス傳達用語中ニ「訓練」ナル語ヲ加ヘ「何時何分〇〇司令部發令〇〇地區訓練警戒（空襲）警報」

二、訓練實施中實際ノ警報ヲ發スル事態ニ際會セル場合ハ前項ト同一要領ニ依リ「實際」ナル語ヲ加ヘ「何時何分〇〇司令部發令〇〇地區實際警戒（空襲）警報」

三、サイレン汽笛十秒間吹鳴三回ヲ午報トス

此ノ心得書ハ見易キトコロニ貼ツテ下サイ

田尾庄自衛團

田尾庄自衛團印製〈防空心得〉中的警報操作表。（館藏號 2019.011.0368）

根本沒有這個人。這個故事反映當時的城鄉落差，「水螺」在當時已經是「都市聲景」的一部分，鄉下人則蒙在鼓裡。

明明發聲原理跟水無關，爲何稱之「水螺」呢？一般認爲，以往僅有在交通輪船航行時相互通知的「汽笛」，才能發出這麼大的聲響，爾後，在火車上使用的汽笛，也延用稱爲「水螺」，或者另外專稱爲「車螺」。至於手搖警報器，經查詢報章資料，大概是一九三〇年代開始普及使用，也就取代了汽笛聲，同樣被民間稱爲「水螺」了。

再就字面上來想像，在「水螺」之前，「螺」就是具有公眾意涵的聲音了。在臺史博館藏中，有兩個賣肉者專用的「海螺殼」，外形呈兩端細窄、中央鼓起的紡錘狀，長約三十五公分，頂端有一圓形孔洞，尾端有一較大的橢圓形開口，從頂端孔洞吹氣可發出聲響；螺殼中段嵌有一鐵圈，綁有麻花繩以便吊掛。

在螺的錐形處切出一個洞，吹的時候嘴型要找到共鳴的地方，每個海螺的特性都不一樣，聲音也不一樣。

吹響螺殼的聲音，在佛教中是別具神祕感的「法螺」，

然而在臺灣民間，卻是鄉間賣肉者專用的「肉螺」，另外在漁村，則用於「牽罟」等集體行動，由帶頭者吹響螺聲，提醒眾人協力將漁獲拉上岸，取其音稱之爲「歕嘟」。

在鄉野、在漁港，又或許是在寺廟，傳響不同的「螺聲」，意義也天南地北，不過，用聲音提醒眾人要某件事情，制約公眾生活的這層意義，可說是異曲同工。而今，經過戰火的聲響衝擊，加上世代輪替、記憶汰洗，「水螺」與「螺」都進了博物館，唯有重振其聲響，才能想像它們背後的故事與社會意義了。（黃裕元）

肉販專用的海螺殼「肉螺」。（館藏號 2010.019.2561）

延伸閱讀

・呂紹理，《水螺響起：日治時期台灣社會的生活作息》，臺北：遠流，一九九八。

・汪思明演出，《笑科：陳水螺／張機關》，臺北：古倫美亞。收於《臺灣音聲一百年》網站，二〇二一年十月廿一日瀏覽，https://audio.nmth.gov.tw/audio/zh-TW/Item/Detail/b3fa56c9-3e6e-4b9f-b7ab-362d381b960e，臺南：國立臺灣歷史博物館，二〇一四。

19

終戰之日，逃生之時

皮質行李箱

館藏號 2014.030.0001（王裕民先生捐贈）
年代 1945 － 1946 年間
材質 皮革、金屬、織品
尺寸 34.2 公分 ×54.6 公分 ×15 公分

父親的舊皮箱、雨傘與領巾

二〇一四年六月，臺史博接到王裕民先生來電，因整理父親王添福之遺物，回想起父親生前不斷重複提起的一段海南島從軍往事，因此想將伴隨父親死裡逃生的舊皮箱、雨傘跟領巾捐贈給博物館典藏。

本件皮箱爲黑褐色硬皮材質，分箱蓋與箱體兩部分，箱體與箱蓋的四個邊角、提把拉環爲鉚釘鑲嵌銅片，釦鎖爲鐵質，提把爲皮質。行李箱內裡鋪麻布內襯，箱蓋中央附一口袋，本件因使用多年箱體內外有多處受損。

而黑色雨傘傘收起全長八十五公分，傘把最寬十二公分，傘面張開直徑約一百四十公分。傘骨共有十二支，爲較重的鐵合金材質，傘把爲合成樹脂，傘面爲布面塗佈防水漆。傘面上印有一白色櫻花、船錨商標，其上文字爲「東京　どんな暴風雨にも絶對に漏らん　イカリ印洋傘　強力防水塗料施用」（東京　無論何種暴風雨也絕對不會漏水　船錨牌洋傘　強力防水塗料施用）。

領巾則爲絲棉混紡材質，單面多色印刷。領巾中央爲橄欖枝葉圍繞之東北亞地圖，範圍包括日本本土、當時的日本殖民地朝鮮半島及遼東半島南部租借地關東州（紅色標示）、滿州國（黃色標示地區，並清楚畫出東北十四個省份及名稱）、周邊國家中國（米色標示）與俄羅斯（綠色標示）。地圖上方有日本國及滿洲國兩國國旗，外圍爲寶藍色底，印有日本海軍艦艇、

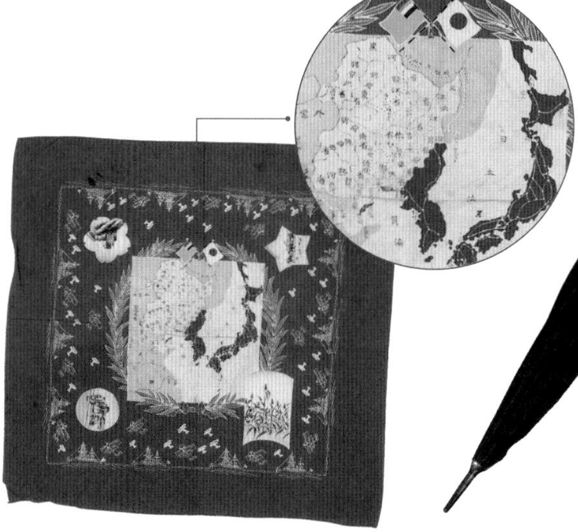
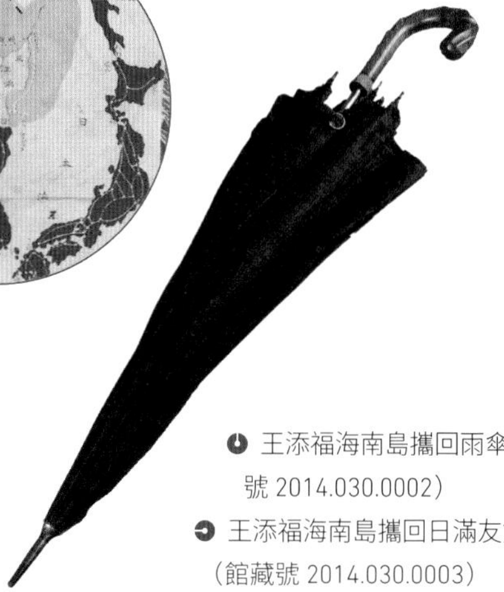

◐ 王添福海南島攜回雨傘。（館藏號 2014.030.0002）

➲ 王添福海南島攜回日滿友好領巾。（館藏號 2014.030.0003）

空軍螺旋槳戰機等圖案，四個邊角分別印有櫻花形—城堡、星形—日本騎兵隊（推測爲日本關東軍）、圓形—陸軍車輛、扇形—行經麥田的滿州鐵路超特急列車「亞細亞號」（滿鐵象徵）等小型水彩繪圖。

海南從軍的臺南雜糧行之子

王添福爲臺南西門圓環金泉成雜糧行的創辦人王狐之長子，自小獨立好學，公學校畢業後，便遠赴臺北淡水就讀中學，少年時期的王添福受日本教育影響，有了志願從軍的念頭，爲配合日本政府南進政策可能產生的需求，他曾參加菲律賓他加祿語短期訓練。

二戰爆發後，王添福被派駐海南島，擔任後勤補給的工作；當時共有三艘運兵船從高雄港一起出航，船隊航行至菲律賓附近，遭遇美軍軍機攻擊，其中一艘運兵船被炸彈擊中沉沒，王所搭乘的船艦在戰亂中幸運逃過美軍追擊，暫時躲避到附近的小島，後來受到附近駐紮的日軍救援，日軍殺了戰馬做爲糧食補給，接濟他們這些倖存者。部隊重整後再次出發前往海南島，終於平安抵達目的地。在海南島期間，王添福主要擔任日軍空軍基地的地勤人員，負責飛機場維修與補給工作，但不久後就接獲日本戰敗投降的消息。

終戰後身分尷尬的臺籍士兵

二戰終戰後海南島由中華民國政府接收，但戰後情勢混亂，共產黨勢力興起，國民政府和共產黨遊擊隊控制山區村落，和當地土匪分分合合，兩相傾軋。王添福所屬的部隊被國民政府軍收編看管，由於國民政府自顧不暇，不僅遲遲無法將他們送回臺灣，連日常的糧食與物資都無法正常供給，王添福所屬的部隊只能依賴日軍遺留的食物、罐頭過活，這些剩餘的物資很快就消耗殆盡，

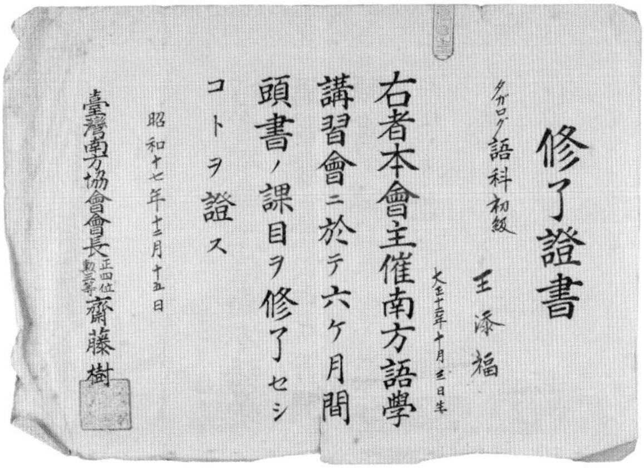

修了證書

タガログ語科初級

王添福

大正十五年十月三日生

右者本會主催南方語學講習會ニ於テ六ケ月間頭書ノ課目ヲ修了セシコトヲ證ス

昭和十七年十二月十五日

臺灣南方協會會長 正四位勲三等 齋藤樹

王添福的他加祿語研習結業證書。（館藏號 2014.030.0018）

王添福中學時期個人照。（館藏號 2014.030.0016）

臺籍士兵頓時生活陷入困境，大家只好自力救濟。王添福變賣他僅有的懷錶，最後靠在市集捲菸草、賣菸維生，而其他同袍有的人靠砍柴維持生計，有的人則拿著衣物、日本軍毯等去換取活命的糧食。由於營養不良，更容易感染疾病，許多人不幸染上瘧疾、痢疾等傳染病，也無法得到適當的治療，客死他鄉的人相當多。

國共內戰期間，王添福所屬的部隊曾奉命討伐共產黨軍，他們奮力作戰，卻仍得不到應有的薪餉與物資配給，由於腹背受敵，據說夜間睡覺軍刀從不離身，深怕被共軍摸黑偷襲滅口。在與共軍作戰當下，臺籍士兵不時還會被共軍以「同是中國人」的理由招降，甚至教唆他們反過來襲擊國民政府軍。夾在國共對峙下的臺籍士兵，對於自我的認同不禁產生困惑，他們初來乍到時被認為是日本人，終戰後卻一下子身分轉換變成中國人，他們無法同正規的日本兵被遣送回國，卻被當成中國人留下，但前來迎接他們所謂的「祖國同胞」對待他們又不像是對待自己人一般，充滿敵意任其自生自滅不說，還利用他們去對付彼此的敵人，在夾縫中求生存的處境十分悲慘。

死裡逃生歷劫歸來

當時海南島的環境惡劣，不僅治安敗壞、缺糧、疾病叢生，軍隊管理相當鬆散，政府也未積極安置臺籍士兵，生活十分艱苦，王添福一心想要返回故鄉臺灣，聽聞有船班要返回臺灣，他與友人相約一起逃跑，但出發當晚，友人因害怕逃兵被抓而退卻，王添福只好孤身一人離開。他帶著簡單的行囊，在夜裡東躲西藏，躲過了崗哨，到了碼頭卻無法上船，最後靈機一動偽裝成獨眼龍，謊報假名才成功蒙混上船返回臺灣。

海南島從軍的經歷讓王添福一生難忘，由於印象太過深刻，晚年常常反覆向兒女提起這段往事。他一直保存當初從海南島帶回來的舊皮箱、防身用的雨傘和保暖用的日滿友好領巾，即使破舊他也不捨得丟棄。王添福許多在海南島從軍、逃難、甚至返臺的細節已無從得知，但從歷史學者陸續挖掘出的史料與口述歷史來看，戰後滯留在海南島的臺灣人約有二萬三千餘人，海南島在國民政府戰後混亂的接收過程，許多臺籍兵或軍屬沒有受到適當的照顧與醫療，生活悲慘是不爭的事實，有不少人是自己冒險坐舢舨船遠渡重洋回到臺灣，而多數人後來在廣東省政府、臺灣省行政長官公署等官方機構下協助返臺，相較於少數不幸被留置在中國的臺灣人，王添福是成功自行返臺的少數幸運者，看到他所保存的舊皮箱、雨傘與領巾，彷彿帶領大家回到一九四五年的海南島現場，訴盡戰爭帶來的艱苦與滄桑。（葉前錦）

延伸閱讀

・蔡慧玉編輯兼訪問，吳玲青整理，《走過兩個時代的人：臺籍日本兵》。臺北：中央研究院臺灣史研究所，二〇〇八。

・張子涇著，天江喜久、林子淳、謝明諭譯，《再見海南島：臺籍日本兵張子涇太平洋終戰回憶錄》。新北：遠足文化，二〇一七。

20

有朝一日重回故土？

大陳地區來臺義胞接待證

館藏號　2015.030.0003（陳浙平先生捐贈）
年代　1955 年
材質　紙質
尺寸　7.7 公分 ×6.8 公分

誰是「有義之人」？

這張大陸地區來臺義胞接待證，承載著一九五〇年代因戰爭而被迫遷徙之人們從原居地來到臺灣生活的故事，這不僅是他們初來乍到臺灣的身分證明，更說明他們如何在反共論述中被官方塑造成不惜傾家蕩產、一心保國義無反顧之人。

這張大陸地區來臺義胞接待證正面印有「大陸地區來臺義胞」接待證字樣，並印有一六〇九八編號，背面則有膠漬殘留痕跡，並有手寫姓名陳香玉。一九五五年二月八日，一萬多名大陳島居民在美軍第七艦隊的支援下抵達臺灣。他們從船艦上下來後，按「大陳地區反共義胞來臺輔導委員會」的引導，在下船梯口領取圓形的編號接待證，並將它別在衣襟左側。接待證上的數字，說明了當時來臺的編號。原住在下大陳望夫礁（又稱小岩頭，爲下大陳南端最大漁村）的陳安利跟妻子金招花，以及四個小孩，包含大女兒、陳香玉（當時十二歲，卽本件文物使用者）、陳香妹、陳香法到臺灣後，先被安置在基隆七堵安樂國小的臨時接待所。然而，圖面上的「大陳地區」以及「義胞」分別是什麼呢？

「要命的二百五十浬」

時間回到一九五〇年，中華民國政府（以下稱國府）軍隊從舟山群島撤退至臺灣，失去屏防臺灣北部海域的軍事據點。而位於浙江省溫嶺縣外海上、下大陳島和竹嶼，可說是國軍提防共軍在臺灣北部海域活動的重要位置。隨後，國府在下大陳島成立「江浙總部」，並將上、下大陳島與其周圍的漁山島、披山島及南麂島劃設爲「大陳地區」，成爲國軍的反共基地，此舉卽是讓「大陳」成爲冷戰背景下的反共指標地區。

一九五五年，中國人民解放軍在大陳島北方的一江山島發動攻島戰役，國共關係進一步劣化，美國認爲若中國攻下一江山卽是奪取臺灣的前奏，而臺灣與澎湖若皆落入共產黨手中，美國及其他自由國家便會在西太平洋出現安全缺口。爲了避免此一情況發生，美國隨卽通過《臺灣決議案》，提出以和平、防止戰爭發生爲目的協防臺灣。此時，大陳島由沒沒無名的偏僻島嶼轉而躍上國際舞臺。

由於大陳列島距離臺北約有二百五十浬，但中共海空基地到大陳僅有一百二十一浬，船艦只需花費八小時、飛機半小時卽可抵達，換句話說，大陳島隨時都有可能在極短的時間內被共軍包圍。如此，由於軍備、補給上的困難，國府決議在一九五五年二月六日重新布署外島軍事系統，將兵力集中於金門、馬祖等重要離島，並展開撤離大陳列島民衆的「金剛計畫」，聯合「中國大陸災胞救濟總會」成立「大陳地區反共義胞來臺輔導委員會」協助來臺居民安置工作。

官方宣傳與政治標籤？

從大陳地區來到臺灣的一萬多名居民，在官方傳媒《中央日報》、《臺灣民聲日報》及各縣市地方報中，被描繪成爲尋求自由、免爲共產黨奴役的生活，自願放棄家園、離開生長土地來到臺灣。不論是「大陳地區反共義胞來臺輔導委員會」，還是接待證上標示著「大陳地區來臺義胞」的字樣，都可以看出國家藉此將「義胞」來臺一事，昇華爲民族運動，更是對內、對外宣傳政策的一部分；而「大陳義胞」稱呼的誕生，也直接影響了臺灣人們對於大陳居民的認識與理解。

政府在後續安置工作上，爲大陳義胞設置永久居住所「義胞新村」，使他們在臺灣能夠有遮風避雨的場所，同時也提供職業輔導，讓他們能夠憑藉一己之長在臺灣社會生活。大陳撤

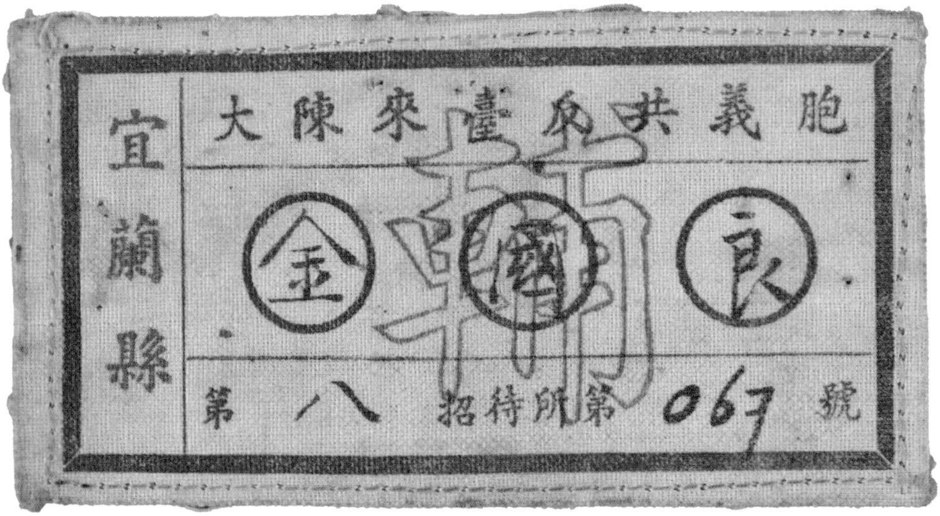

大陳義胞入住各縣市接待所時所配戴的接待證。（館藏號 2015.030.0009）

退來臺一事，不論在臺灣社會還是在國際上都引起廣大的關注與回響。

然而，對於大陳島上居民來說，不論是戰爭的恐懼、撤退前夕的心情還是面對新生活的壓力，都被「義胞」一名暫時掩蓋。他們在反共論述下成為蔣介石的追隨者，「唾棄共產暴政，嚮往自由中國」進而背上家當、離開世居故土，隨政府來到臺灣的「義胞」。在官方的論述下，外界無法知曉他們離鄉的無奈，以及登臺的矛盾心情，從他們踏上基隆港那天起，便是漫長等待的開始，從基隆臨時接待所、各縣市招待所到入住「義胞新村」的轉送，同時亦盼望有朝一日能夠重回故土。

拿掉「義胞」標籤

大陳島上的家園，在砲火中夷為平地，「一年準備、兩年反攻、三年掃蕩、五年成功」的口號，也成為無法兌現的承諾。如今，大陳撤退來臺已逾六十載，當初為這些來臺居民們所建立臨時村子，成為大陳人在臺深根的「故鄉」，而那座「離家不久即回的」的大陳島，卻在時局轉換間，成為遙不可及的他鄉。大陳撤退一事是中國內戰與冷戰國際情勢雙重脈絡下的重要事件，陳緯華及張茂桂指出，「大陳義胞」一詞的出現，不僅被用以解釋大陳人來臺原因、判斷其行動的價值，政府更透過義胞論述和輔導制度幫助大陳人得以安身立命。然而，隨國際情勢改變，反共、收復中國不再是當前局勢的首要目標，那些附加於大陳人身上的政治標籤、色彩也因此減弱，隨之，「大陳義胞」一名也漸被社會淡忘。然而，受到政府協助且長期被定名的他們，是否能夠找回原本的生活與認同呢？（莊梓忻）

延伸閱讀

· 劉毅夫，《風雨十年：一位戰地記者的見證》。臺北：華視文化公司，一九二二。
· 丁雯靜、唐一寧，《最後島嶼紀實：1950-1955 臺灣防衛戰》。臺北：時周文化，二〇一二。
· 陳緯華、張茂桂，〈從「大陳義胞」到「大陳人」：社會類屬的生成、轉變與意義〉，《臺灣社會學》二十七期（二〇一四年六月），頁五十一—九十五。

大陳民眾光輝前途希望，扶老携幼到達民主自由的樂土。
Full of hope, evacuees in freedom.

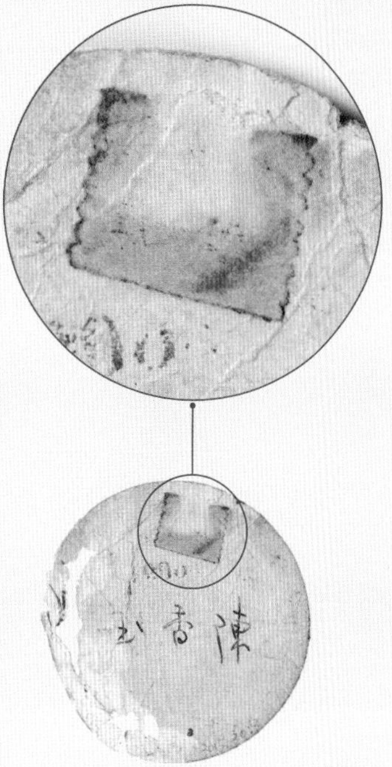

- 接待證背後的殘膠。
- 身分識別名條。（館藏號 2015.030.0011）
- 照片中可見來臺大陳居民於衣衫左襟身上配戴識別名條。（館藏號 2019.011.0702.0014）

◆接待證別哪裡？

本文所介紹的接待證，代表著一九五五年二月八日自大陳島居民抵臺時得到的第一個身分識別。他們在大陳島上的調查、登記、編組，是以島上的村鄰為單位編隊，每人身上配著名條來到臺灣。當他們踏上臺灣土地時，等候在下船口的衛生人員為他們噴灑DDT消毒，隨後，讓他們在衣襟左側上別上這張由大陳地區反共義胞來臺輔導委員會所提供的接待證，並領取行李及乘車證，搭乘車輛到基隆臨時招待所後，等待分配至各縣市接待所。

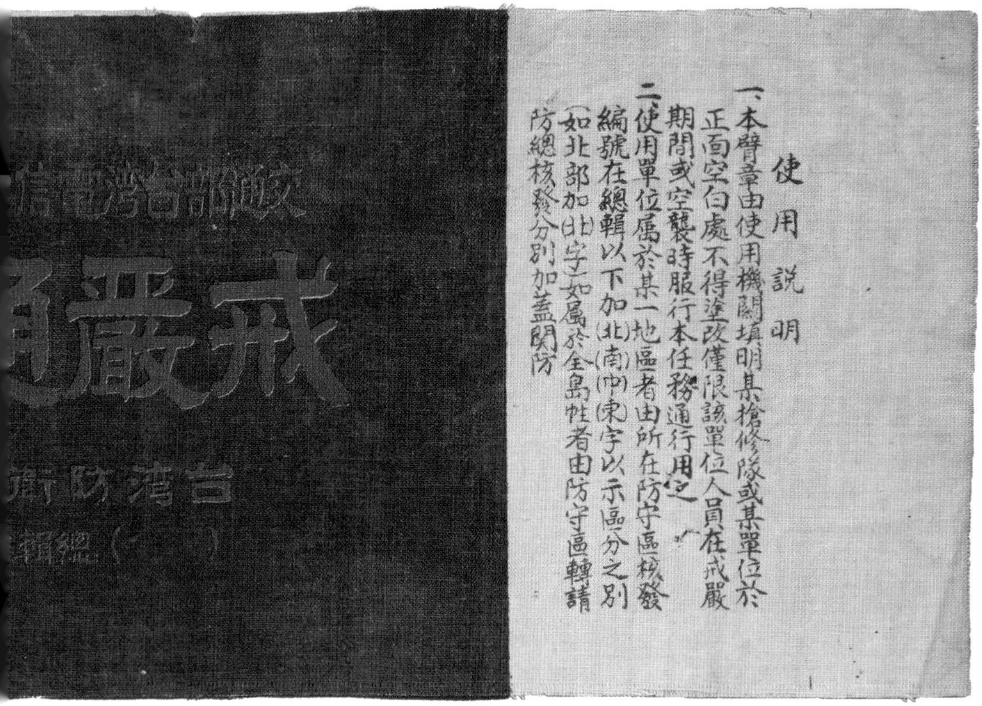

21

今夜可以不回家嗎？

戒嚴通行臂章

館藏號	2019.011.0150
年代	1953 年
材質	織品
尺寸	43.7 公分 × 14.5 公分

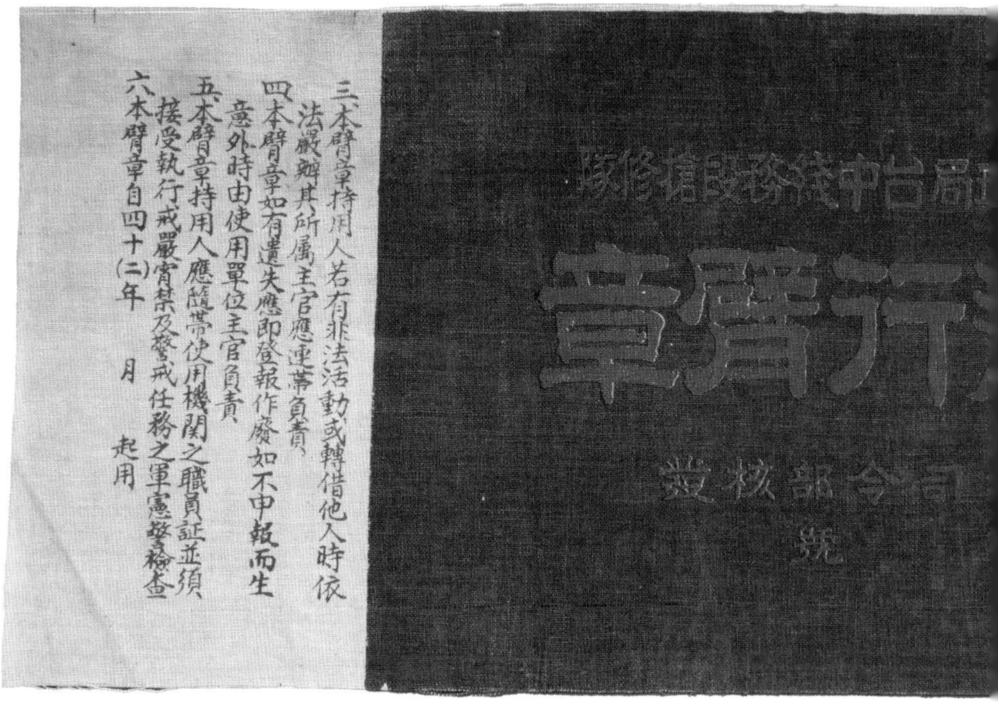
三、本臂章持用人若有非法活動或轉借他人時依
法嚴辦其所屬主官應連帶負責
四、本臂章如有遺失應即登報作廢如不中報而生
意外時由使用單位主官負責
五、本臂章持用人應隨帶使用機關之職員証並須
接受執行戒嚴宵禁及警戒任務之軍憲警檢查
六、本臂章自四十(二)年　月　起用

臺史博收藏有兩份名為「戒嚴通行臂章」的織品館藏，都是套色絹印布料，依上面列印的年代可知，較早者印製於一九五三年，稍晚者可能是一九六四年印製。由於保存完好、色彩對比鮮明，成為戒嚴時代軍方嚴密管控社會動態的重要見證。

在藍底紅字的「戒嚴通行臂章」上，印有「交通部臺灣電信管理局臺中線務段搶修隊」、「臺灣防衛總司令部核發」等字樣，公文文號未塡列。兩側詳列有使用說明，右側大致內容為：「空白處不得塗改、僅限該單位人員服行任務通行使用、必須加蓋關防始有效力。」左側載明內容大致為：「不得從事非法活動、不得轉借、遺失須登報作廢，持用人須隨身帶職員證以接受軍警憲兵檢查。」

中部地區警備司令部核發戒嚴通行臂章。（館藏號 2019.011.0157）

單就上頭的文字可以知道，這份臂章是「交通部臺灣電信管理局」成批印製，逢線路搶修任務、需出入管制區，或預計在「宵禁」時間與地區內工作時，必須預先提交給軍方申請，蓋上關防後，提供執行人員配戴。

至於另一份「戒嚴通行臂章」爲綠底白字，載明使用範圍爲「中部地區」並列出縣市範圍（中彰投及雲林），載明機關爲「臺灣中部地區警備司令部」，列出有效時間爲：「中華民國五十三年七月一日起、至五十四年六月三十日止」，未載明印製或擬使用機關。

這兩件臂章都源自民間收藏，無使用脈絡與來源，但就文物的細節可以推斷，都沒有被送達軍務機關用印，也未被使用，或許正是未被用印、未被使用，才有機會流傳坊間，成爲留存至今的歷史見證。

戒嚴下的港口與都會日常

戒嚴時期的宵禁等人車管控，是由軍警機關發布執行，於是在早期新聞報導中紀錄特別豐富。一九五四年《聯合報》上有一則軍方發布、設計成Q&A的新聞說明，提到關於臂章的使用原則，內容設定的問題是：「關於各報晚間工作員工之行動有無影響？」答曰：「無影響。各報社主要工作人員，均領有人車戒嚴通行證，至所屬員工，如在宵禁時間通行者，可自行印製顯明袖章，造具名冊，送本部加蓋關防後佩用，或乘坐持有戒嚴通行證之交通車輛。」

上述文字清楚說明，當時的袖章（或說是臂章）確實是由需求單位印製，交由軍警機關審核用印。針對特定時地進行出入管制，以證照管控的軍警施作，看似稀鬆平常，所涉及的卻是最古典也最基本的人權——「人身自由」，類似的文物文獻，也成為我們理解戒嚴法制的關鍵窗口。

一九四九年五月十九日，臺灣省政府及警備總司令陳誠發布《臺灣省戒嚴令》，爾後，維持三十八年的戒嚴宣告開始。在該令中明確規定基隆、高雄兩港市，每日上午一點到五點為宵禁，非經特別許可一律斷絕交通，商店及公共娛樂場所一律於下午十二點前結束營業，至於其他各城市除必要時，由各地戒嚴司令官一情形規定實行外，暫不宵禁。

事實上，這份戒嚴令後來未經立法院追認，隨著內戰狀態的固著化，軍事機關轉手以《戒嚴法》為依歸，由軍方決定實際的執行範圍。在前述新聞報導裡提到，當時的宵禁是依據《戒嚴法》附件一〈實施宵禁時一般應注意事項〉之規定辦理，各地區是否實行宵禁，基本上是由軍事首長會議決定，再由警務機關發布消息，於是可說是「變形蟲式」的戒嚴。

那麼關於宵禁的變形概況是如何呢？整理戒嚴期間關於宵禁的新聞報導，大致要分港口、都市二種地區分別了解。

在港口部分，自一九四九年戒嚴開始，爲了維持南北兩大吞吐港基隆、高雄的嚴密管制，兩「港都」持續維持二十多年的夜間宵禁。港區宵禁時間較嚴格，爲晚間十時至翌晨五時間，宵禁時以熄燈爲號，市區早期是凌晨一至五點，一九六〇年代之後略有縮減，夏令時間爲每日二到四時，冬令時間爲每日一至四時。

高雄、基隆兩港市的宵禁，不斷受到省議會、地方官員提議爭取解除，但戒嚴機關始終不鬆口解除。直到一九七三年，「國際海運聯盟」向政府施壓，表示基隆港的壅塞情形如未能改善，第二年起將對聯盟前往基隆的船隻調高運費，面對國際壓力，時任行政院長的蔣經國直接下令，立卽解除兩港市的宵禁；南北港都爲了拚經濟終於解禁，不過，各地漁民申訴漁港宵禁的新聞仍時有所聞，特別是烏魚季節，或有夜間出入港需求的漁民，仍長年要警總磋商出入港時間，甚至得跟海巡人員捉迷藏。

都會部分，一九五〇年代初期重要都會有實行宵禁，如臺北市區在午夜十二點至凌晨五點間實施，一九五四年冬季後改爲凌晨一點起，而後便幾乎沒有長期宵禁的新聞，但是，軍方仍具有「隨時」管控市街出入的權利，而成爲整頓社會秩序的法寶。

最代表性的案例，是一九五七年五月二十四日發生劉自然事件。一件跨國凶殺案，引發群衆集結至美國大使館等處抗議，軍方爲防止事件擴散，臺北衛戍總司令部宣布下午七時臺北市及陽明山進入戒嚴狀態，禁止人車通行。因爲臺灣早已實施戒嚴，這天的戒嚴，形成所謂的「雙重戒嚴」，政府也發現自相矛盾，事後各地防衛機構合併整編爲臺灣警備總司令部，讓事權統一，自此「警總」也正式成爲戒嚴時代的「老大哥」。

在一九六〇年代之後，幾乎沒再見到港口之外的宵禁新聞，與其說警總不再嚴格管制，不如說，經過法令與執行機關的磨合後，宵禁或空間時間的人員管控，已成爲警總與警務機關的日常，老百姓也習以爲常了。

冬防與違警罰法

在戒嚴成爲日常的時代裡，還有個特殊的歷史名詞「冬防」，是值得再進一步了解的關鍵詞。

至少在一九四七年之後，各地警方就有「冬防」的特殊勤務。據說是因爲冬令時節宵小橫行，爲維持治安，每

姚蘇蓉知名歌曲《今天不回家》唱片專輯。（館藏號 2003.009.0817）

年的十二月到隔年的二月間，警察機關會大張旗鼓，特別加強夜間勤務。冬防的執行重點有：要求商店必須在夜間十一點前要打烊，一點至五點間禁止人車通行，持續的交通管制、加強巡邏，還有嚴禁燃放鞭炮、外出要攜帶身分證備查等等。

在冬令期間，有聖誕節、新年跨年、舊曆過年，迎神賽會也特別多，執行宵禁不正與這些活動強碰？在新聞中可以看到，這些活動基本上是可以通融辦理的，但反過來想，正是冬季裡的夜晚活動多、特別不平靜，才會有「冬防」勤務。

隨著社會工商化的腳步，夜生活的人們越來越多，一九六八年姚蘇蓉有一首歌〈今天不回家〉，成爲當年的流行詞，即使被迫改名爲〈今天要回家〉，新的社會步調卻已無法遏抑，「冬防」勤務後來也逐漸轉型，一九七四年之後改由警務機關執行「春元演習」。一九八八年解嚴後，

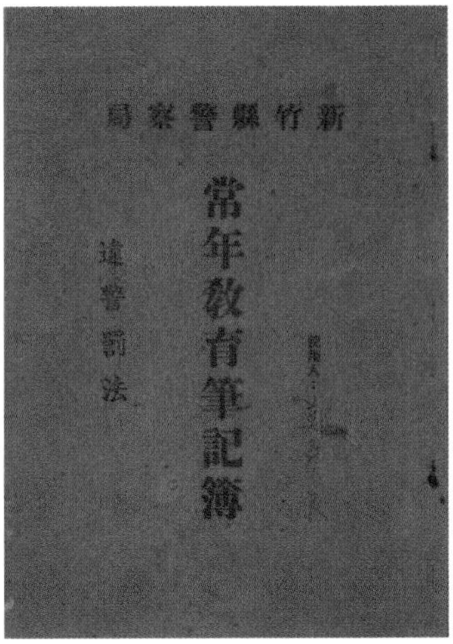

1950 年代新竹縣警局新埔分局警員鄭姓員警使用的筆記簿，特別鑽研《違警罰法》。（館藏號 2003.007.0099）

郝柏村在行政院長任內推動「凌晨三點關門」政策，最終隨著《違警罰法》廢止而結束。（館藏號 2004.021.1227）

春元演習脫離警總控管，改由警政署保安組主辦，警政署訂名爲「春安工作」，一直延續至今，仍是警察單位的年度重點作業。

《違警罰法》堪稱是戒嚴令的「好兄弟」，內容從白天管到夜晚，從公領域管到私人活動，從個人管到組織、營業機構，是當時警察權利無限擴張的利器。一九九〇年八月，郝柏村內閣期間爲加強治安，決定KTV、MTV、三溫暖、觀光理容院、電動玩具業、按摩業等營業時間不得超過凌晨三點，送交治安會報通過後實施，其依據就是《違警罰法》。

「凌晨三點風暴」掀起輿論兩極的討論，在治安內閣要求下強力執行了，但不到一年後（一九九一年六月）《違警罰法》廢止，酒店不關門、卡拉OK徹夜營業的權利獲得初步的保障，臺灣人繽紛多彩的夜生活，也終於浮上了檯面。（黃裕元）

延伸閱讀

- 國立臺灣歷史博物館，《觀．臺灣》第三六期戒嚴日常專輯（二〇一七年一月）。

22

前線共體時艱下，被限制作業節奏的漁民

馬祖戰地洗蝦皮照片

館藏號	2002.007.2628.0055
年代	1950 － 1965 年間（二戰後初期）
材質	相片
尺寸	9.8 公分 ×12.5 公分

馬祖戰地相冊中的靦腆的小男孩

一本本臺史博所蒐藏戰後初期的馬祖戰地相冊當中，大多爲戰地政務下馬祖軍事生活及重要景點等影像。其中一張照片裡有一個笑得靦腆的男孩，捲起衣袖在岸邊清洗蝦皮。蝦皮俗稱毛蝦，色澤淡黃，喜歡棲息在海流較強海域，盛產於馬祖外海鹹淡海域的交會口，爲當時馬祖的重要經濟產物。在照片中這樣的場景是馬祖傳統漁業社會裡是相當常見的岸邊風景，不過在現今所留下的影像資料中少之又少。

閩江口外的一串珍珠，從漁村變戰地

馬祖經常被稱爲閩江口外的一串珍珠，早期島嶼周圍有黃魚、帶魚及蝦皮等漁場，擁有豐沛的漁業資源，因而吸引許多閩浙沿海

的居民前來捕撈而定居，地方多數以漁業爲生，每日作息大多依月亮與潮汐而過。隨著國民政府撤遷來臺，海峽兩岸軍事的對峙下，爲適應戰時所需，一九五六年六月行政院頒布《金門馬祖地區戰地政務實驗辦法》，將金門與馬祖地區列爲戰地政務實驗區，次月金門、馬祖分別成立了「戰地政務委員會（以下簡稱政委會）」，軍政一元領導，實施「軍事與民生兼顧，戰備與建設並重」政策。

馬祖從漁村變成前線戰地，大量國軍湧入進駐。爲了防止任何一絲風險出現，制定許多比本島更多的規定與限制；島上居民生活須符合國軍的規定外，也需加入民防隊或自衛隊協同保衛國家。同時，在地方經濟穩定與軍事安全的考量下，民生物資供銷多由物資供應處統一管理，此外，有許多現今習以爲常的物件也都遭到管制，像是漂浮物（籃球、浮球等），就連漁具也都要由地方漁會販售或統一登記，一年約一次由地方漁具代表到臺灣採買。另

戰地政務時期，在金門、馬祖均有發行專屬貨幣。圖為新臺幣伍拾圓紙鈔，限馬祖地區通用。（館藏號 2013.002.0030）

外，民間也禁止持有相機，使用上也須參照《照相機使用管制實施辦法》規定，進行登記與申請，並定時參加政委會的相關講習，種種限制，使得馬祖早期照片留下不多。

戰地政務下的漁民生活

對於國軍來說，在海上自由行動的漁民，極有可能成爲軍事安全的破口。當時爲了防止漁民與對岸在海上私下通風報信而洩密，要成爲「漁民」需通過一層又一層的關卡。首先，須塡寫基本資料表，內容包含教育程度、家庭及個人經濟狀況、所屬漁業類別、所使用的漁具及個人證件照，還須塡寫一位介紹人，交給地方漁會等相關單位，經安全查核確認、完成相關行政程序後才可拿到漁民證，成爲合法的漁民。接著，出海前須事前向各村辦公室登記領「出港證」，配戴漁民證至指定的澳口漁哨據點檢查，在船上掛上我國國旗後，才可出海作業。而且，漁民出海捕撈的時間也須依照國軍規定的時間作業，如果超過指定的時間才返程，漁船及漁具皆會被暫時沒收，直到扣留時間結束後才可取回。

對於漁民來說，這些規定嚴重影響到家庭生計，尤其是地方上以定置網捕魚的漁民，經常因爲錯過每日的潮汐變化所帶來的最佳收網時間，而導致收到不新鮮甚至是死掉的漁獲。直到一九七七年，政委會爲了改善漁民生活、增加漁業生產及繁榮地方經濟，才在不妨礙軍事安全的原則下，制定《馬祖地區開放夜間捕魚作業實施要點》，終於開放夜間作業。

馬祖機動漁船於山隴澳下水盛況，可發現每艘船的船尾都插有國旗。（館藏號 2002.007.2626.0031）

捕撈到的蝦皮戰前原先賣到福建，在國軍進駐後，以統銷制度銷售到臺灣本島。漁民在指定出海時間內，好不容易將捕撈的漁獲帶回岸上，爲了「趕鮮」，仍需追趕時間，來爭取蝦皮的新鮮度。每當家裡出海漁民即將返航，各自的伙長（負責漁獲整理）、婦女及小孩都會前來岸邊，如同照片中的男孩，以海水清洗、篩選及將蝦皮分裝到竹簍後，再運到漁寮內加鹽烹煮，在廣場上將蝦皮鋪上竹蓆曝晒，再經分類包裝，由漁民、魚商及地方的漁會代表共同查驗後，運送至臺灣本島販售。

此為停置在馬祖南竿鄉山隴澳沙灘上的漁船，其外觀與臺灣本島有許多不同。（館藏號 2002.007.2628.0049）

當今的馬祖漁民

馬祖漁民原本是依潮汐變化或魚群特性時間自由作息，國軍撤退來臺後，馬祖從漁村社會轉爲第一防線戰地，爲了讓國軍方便監管，以太陽升落爲主，被管控於指定時間作業，透過統銷制度將漁獲賣到臺灣本島。

一九七〇年代末期，在大量的捕撈及海洋環境的變化下，漁業資源不復以往。同時，隨著漁具的機械化，也減少人力需求，另一方面，臺灣本島正逢輕工業發展，亟需勞工，馬祖掀起了一波大規模的移出潮，大量居民搬遷到本島定居，使得大量漁業從業人口流失，產業也跟著沒落。隨著兩岸情勢趨緩與規定的廢止後，原先按照潮汐出海的自由失而復得。不過，在產業沒落與漁業的機械化後，這樣的記憶也停留在那一代人的心中。（張育君）

馬祖漁民作業手環。出處：國家文化記憶庫，連江縣政府文化處建檔，依公眾領域標章（Public Domain Mark）進行數位物件授權。

延伸閱讀

・陳治龍，《下江討海：馬祖的傳統漁業》。連江縣：連江縣政府，二〇一三。

・曹雅評，《捕魚好苦啊！戰地政務體制下的馬祖漁業及漁民家庭處境》。臺北：世新大學社會發展研究所碩士論文，二〇一七。

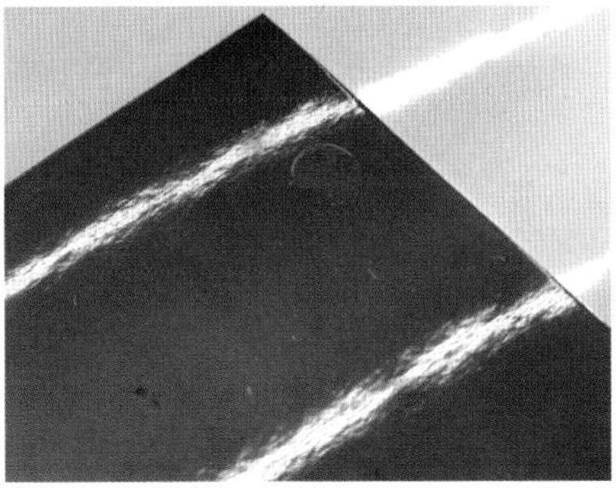

明膠遇水的膨潤現象。

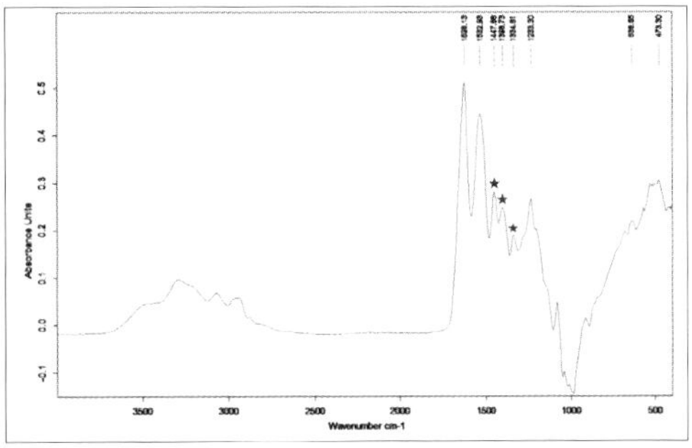

三處星號為特徵峰。

◇明膠銀鹽類型的照片

臺灣由於攝影技術較晚引進，常見的照片類型多為單色明膠銀鹽照片，屬於三層結構的明膠銀鹽照片。簡而言之，製作原理是在紙基（第一層）表面塗上硫酸鋇（第二層），其上為明膠銀鹽乳劑層（第三層）。

判斷照片的類型，對於保存具有相當的助益：因為明膠屬於動物膠，在臺灣高溫高溼的環境下，動物膠遇水氣之後，很容易與相框玻璃、包裝材、疊放的照片等互相沾黏。

而如何判別相片是否為明膠銀鹽相片？博物館會使用傅立葉轉換紅外線光譜儀（Fourier Transform Infra Red Spectrometer，簡稱 FT-IR）來進行非破壞科學分析，我們可以在指紋區看見三支的特徵峰，藉此進行判別。而這組照片，則是再以明膠銀鹽照片標準品的圖譜比對，確認是明膠銀鹽的相片類型。

一般家中照片，可以試著在邊角不明顯處滴上水，明膠遇水後會產生膨潤的現象（但照片光澤可能因此改變），以此推斷為明膠銀鹽照片。（鄭勤思）

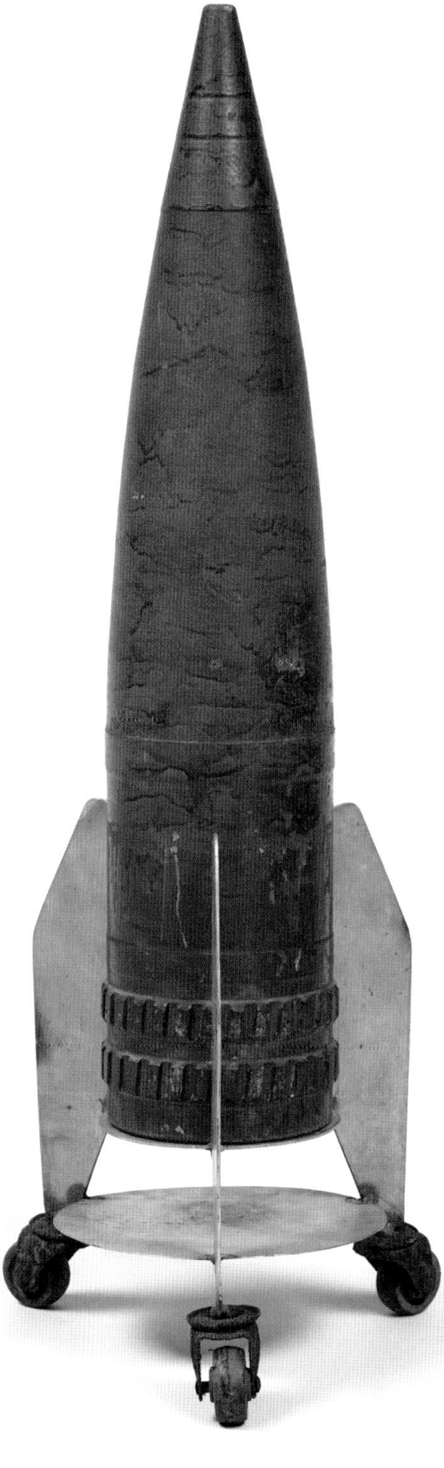

23

時「刻」的警鐘

金門砲宣彈彈殼

館藏號 2019.020.0001（張卍君先生捐贈）
年代 1958 － 1979 年間
材質 金屬
尺寸 25.6 公分×26.5 公分×70.7 公分

從熱戰到心戰

「碰碰！碰碰！」的陣陣砲響，只見太武山上塵霧滿天，居民還以爲部隊在演習。但當砲擊地點從太武山逐漸轉向平地、村落時，大家才警覺戰事已經開始。

傍晚農人如常在田裡忙碌，一旁士兵正用井水沖涼，也有居民在廚房準備美味晚餐，此般日常被呼嘯而來的砲擊所打斷，只能四處躲避砲彈。這場砲擊造成金門軍民有多名傷亡，其中包含金門防衛司令部的三位將領殉職，這天是一九五八年八月二十三日，揭開「八二三砲戰」的序幕，而後續的「單打雙不打」則化身爲警鐘，時時提醒著金門軍民作爲抵抗共產勢力的最前線，沒有懈怠的一天。

本件文物便是八二三砲戰下的產物——「砲宣彈」，爲張卍君與其父親張萍所捐贈。

砲宣彈內部採中空設計。

與以殺傷敵人、炸毀設施爲目標的榴彈不同，砲宣彈內部採中空設計，將對敵用的心戰宣傳單捲緊，以半圓瓦固定放入彈體，並透過火砲發射後於空中分離彈體鋼片及底座，讓內部的宣傳單飄散於地面讓人撿拾，以達到宣傳目的。雖砲宣彈非以火藥殺傷爲主要目的，但其分裂後產生的碎片仍會對金門軍民造成生命、財產的傷害與損失。

再把視角拉回到八二三砲戰。在砲擊之初，落彈範圍涵蓋金門全島，軍事要塞及機場、港口等交通樞紐皆受到攻擊，據統計至一九五八年十月六日，金門全島共承受四十七多萬發砲彈的攻擊，一度造成臺灣與金門之間的生活物資、武器裝備補給中斷。在同年十月後共軍逐漸採取「單打雙不打」策略，於單數日對金門實施小規模砲擊或發射「砲宣彈」，雙數日則停火，同樣地國軍也採一樣的時間模式對共軍實施反擊。在一九四九年至一九五〇年代間，雙方的軍事衝突多爲短兵交接的登陸戰或相互砲擊而展開的「熱戰」，但隨著「單打雙不打」的開始，雙方逐漸進入以砲宣彈、空飄氣球等心戰手段，宣揚己方理念或打擊敵方軍民士氣爲目的的「冷戰」對峙時期。

傳達己方理念，打擊敵方士氣

「心戰」即心理戰，爲將己方的政治、科技、經濟、文化等領域發展情形，透過宣傳單、廣播等手段散播至敵區，其目的爲打擊敵方士氣、策反敵人之用，或是宣揚己方政治理念。除透過砲宣彈外，國軍及共軍皆於沿海地區設置廣播站或播音站，定時播放心戰節目或喊話；或藉空飄氣球、海飄等方式，發送政治人物圖像、宣傳單、罐頭、日用品等物。爲使文宣容易被對方軍民吸收，傳單多採圖文並茂方式，且爲符合當地閱讀習慣，有時更以簡體字印刷。而其宣傳的內容大致可分爲個人、

空飄至中國的傳單，特別改用簡體字。（館藏號 2005.010.0161）

家庭、階層、政權、建設等類型，不外乎爲指稱對方「政府腐敗、軍紀不佳」、「已被包圍、勸降」、「宣揚國家實力」等內容，企圖動之以情，威脅利誘，強化認同感，以動搖敵對軍民，也因此雙方在進行心戰攻勢時，皆試圖干擾對方，減低被敵方政治理念、思想影響的可能。

你來我往的心理攻防戰

如同這張共產黨對臺的宣傳單內容，以「國民黨空軍作戰司令部作戰處上校副處長馮德鏞的姊妹在祖國大陸生活愉快」爲題，直指國軍高層軍官的家人在中國的生活情形，藉由其生活影像，搭配文字說明，企圖拉近與臺灣人的距離，並強化對「祖國大陸」的認同與想像。而國軍方面爲避免軍民被共產黨宣傳單影響，一場心理攻防戰在金門展開。金門軍民被要求撿拾到共軍的宣傳文宣或物品，不可閱讀也不得使用，必須將其上繳至相關單位，嚴格控管軍民接觸共產黨文宣品的機會。

另一方面，國軍同樣也藉著砲宣彈、空飄、海飄等方式反擊。國軍對中國的宣傳單常強調「蔣總統是中華民族的救星」、「不是敵人，便是同志」等標語，或有搭配共軍官兵駕駛戰機投誠後的照片，削弱中國軍民的士氣，並試圖攏絡中國軍民成爲「反共義士」。

在金門，各部隊曾多次發起比賽，鼓勵官兵演講、撰寫心戰論文、自製各項海飄工具等；當時的報導更曾形容，看見琳瑯滿目的心戰器材，宛如置身於玩具店。另外每逢佳節，透過廣播、

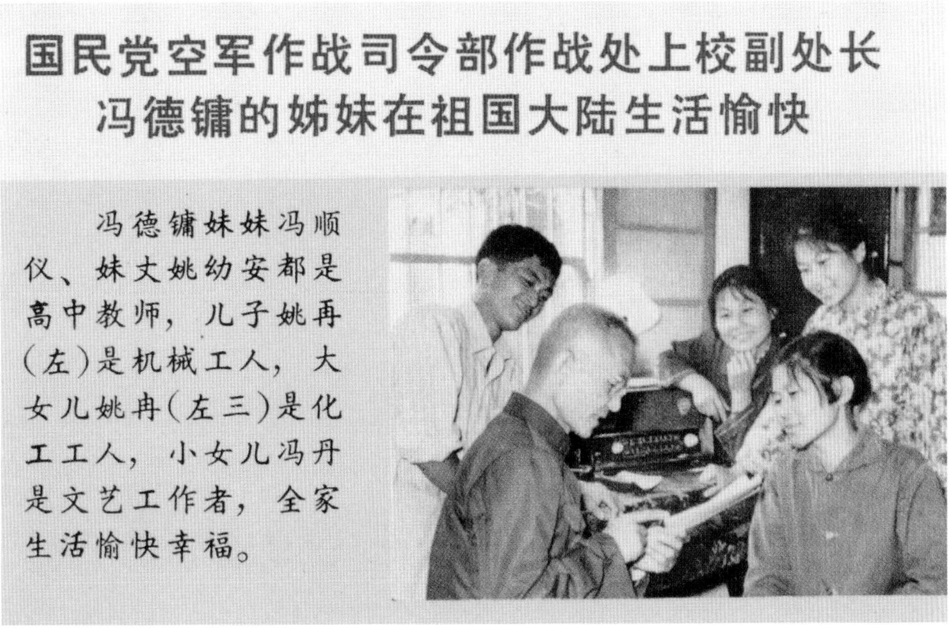
国民党空军作战司令部作战处上校副处长
冯德镛的姊妹在祖国大陆生活愉快
冯德镛妹妹冯顺仪、妹丈姚幼安都是高中教师，儿子姚再(左)是机械工人，大女儿姚冉(左三)是化工工人，小女儿冯丹是文艺工作者，全家生活愉快幸福。

「國民黨空軍作戰司令部作戰處上校副處長馮德鏞的姊妹在祖國大陸生活愉快」，中國共產黨對臺灣政治宣傳單。（館藏號 2012.045.0258）

喊話公告停止砲擊等訊息，並以空飄氣球、海飄等方式將粽子、月餅、國旗及相關宣傳品，送至中國沿岸。而這類空飄、海飄活動，也因其特殊性，往往成爲來訪金門貴賓的重要體驗行程之一。可見心戰活動，除了對敵外，對內也成爲凝聚己方士氣的重要手段。

國軍對中國的空飄傳單。（館藏號 2005.010.0163）

收入的小確幸，卻也是致命的危險

發射後的共軍砲宣彈在金門留下許多彈體碎片，銅、鋼等金屬，可以賣給收購者，其成爲許多金門小孩的零用錢或貼補家用的來源。共軍於單數日發射時，憑藉著長期練就的砲彈「聽聲辨位」能力，金門人會研判其落點，並於隔日早晨前往撿拾。這些砲彈碎片在進入打鐵店後，則搖身成爲金門阿兵哥退伍返臺前的伴手禮——金門菜刀，部分成爲致贈外賓的戰地紀念品，但在額外收入之餘也伴隨著危險，因撿拾未爆彈而傷亡的案例層出不窮。

一九七九年中國發表〈關於停止對大金門等島嶼砲擊的聲明〉，正式宣告砲擊的結束。砲宣彈見證兩岸從煙硝瀰漫的戰場，到「單打雙不打」的砲宣彈、空飄等心戰手段而展開軍事對峙，並在砲擊的結束下逐漸淡出舞臺，但因政治上的對抗及軍事重要性，金門人並沒有因此脫離長達數十年的軍事管制，管制延續直至一九九二年，戰地政務實驗時期才就此解除。（張育嘉）

延伸閱讀

- 江柏煒，《冷戰金門：世界史與地域史的交織》。金門：金門國家公園管理處，二〇一七。
- 宋怡明（Michael Szonyi）著，黃煜文、陳湘陽譯，《前線島嶼：冷戰下的金門》。臺北：臺大出版中心，二〇一六。

主題四

定格與紀念

·清代臺灣原住民圖繪·

·《倫敦新聞畫報》〈速寫福爾摩沙〉·

·臺北州立臺北第三高等女學校御卒業記念帳·

·始政第四十回記念繪葉書·

·昭和十年臺灣新聞社編《臺灣大震災記念畫報》·

·一九八六黨外選舉後援會工作人員證·

·太陽堂太陽餅海報·

捕鹿
淡防廳大甲後壠中
港竹塹霄裡等社熟
番至秋末冬初番社
聚衆捕鹿名為出草

24 被定格的時間

清代臺灣原住民圖繪

館藏號	2012.045.0333、2018.011.0049
年代	約18世紀中
材質	紙質
尺寸	47.1公分×35.0公分、28.3公分×35.4公分

當代許多研究或展示清代平埔原住民（當時被統治者跟漢人稱爲「熟番」）形象者，常引用清代的「番俗」圖繪。我們已知這些外來觀察者所描繪的臺灣原住民圖繪，相當程度摻雜許多虛構想像的成分，不能盡以用來當作眞實的材料，去復原或重建原住民的日常生活與物質文化。

現存多種版本的清代臺灣原住民圖繪，我們也常看到許多重複的想像與形象的一再出現與複製，雖是不同時期的創作，但基本上對於原住民的觀察，看起來像是被凝聚固定在同一個時間斷代，反映著同一個時間觀。也就是有一套固定的模子，在不同時期再做些微調的套用。

目前已知清代最早出現描繪臺灣原住民的圖像，是一七一七年（康熙五十六年）刊印《諸羅縣志》裡十幅描繪原住民日常生活的〈番俗圖〉，主要針對被稱作「熟番」的原住民。之後清代的臺灣原住民圖繪發展成多部獨立成冊的番俗圖卷，畫面與構圖一定程度仍沿襲著《諸羅縣志》〈番俗圖〉的形式。臺史博所蒐藏二套番俗圖卷，內容及風格均近似於乾隆年間滿人御史六十七巡臺采風期間，命畫工依照其記錄繪製成之風俗圖錄。以六十七之番俗圖這套圖爲底圖，後來發展出多種版本、摹本。研究者可以去比對不同版本的畫面主題、畫風技法、細膩度等的差異，但基本上大同小異，也就是一開始所說的被凝固住的時間觀，以及被外來者將之「脈絡化」後的均一原住民形象。

無懷、葛天之「番」

清朝在臺官員依教化的程度，將原住民大概分爲「生番」和「熟番」。尤其對更接近漢人的「熟番」，所持態度大致是強調其接受中華文化教化的可能性、可塑性，所以官員所命人刻繪的〈番俗圖〉，

〈諸羅縣志番俗圖．採檳榔〉。典藏者：中央研究院；依公眾領域標章（Public Domain Mark）進行數位物件授權；發布於《開放博物館》。

◐ 梳成雙髻髮型坐於地上吹著鼻簫的二名原住民男子。（館藏號 2012.045.0333.0011）

➲ 番俗圖中常見的主題「社師」。（館藏號 2018.011.0049.0017）

重點便都在描繪「可被型塑的」熟番風俗，而內容主題基本上大抵都呈現其生活恬靜安適之景。除描繪他們的傳統生活方式，如捕鹿、捕魚、會飲、賽戲等外，也會加上幾個受「漢化」影響的主題，例如耕種與社師，社師中「番童」會畫成漢人裝扮的小孩。強調社師的主題，乃是扣連著教化之可塑性。

康熙時期首任巡臺御史黃叔璥曾如此描述「平地近番，不識不知，無求無欲，日遊於葛天、無懷之世，有擊壤、鼓腹之遺風」，將臺灣平埔原住民類比做上古「無懷、葛天之民」，這也成了清代熟番的重要形象之一。清代的〈番俗圖〉相當程度便是呈現熟番生活自得的形象。從「不識不知，無求無欲」的形容詞，也似乎在顯現熟番受教化的可塑性，因不識不知所以需要被啟蒙跟教育。我們在不少番俗圖繪裡，便常見繪者讓熟番梳成雙髻的髮型，有時甚或加件披風，這似乎把熟番描繪成了孩童一樣。透過這樣的圖像呈現，持續強化著熟番不識不知又純真無欲的似孩童形象。

❶ 番俗圖像是一格格的「番人」展示櫥窗。（館藏號 2018.011.0049）

被定格的原住民

清代原住民爲主題的番俗圖繪，各地有不少版本流傳，可見當時摹繪製作「番俗」圖卷，應當是官紳所熱衷且須作之工作，表現熟番之順服與朝廷教化之效。參與繪圖的畫工也能藉此表現各自畫風與技法的高下。隨著番俗圖繪的臨摹流傳、流通與收藏，番俗圖成了代表清代臺灣風土意象的某種禮品與商品。

回到一開始說的，當代常把番俗圖拿來作爲展現原住民風俗的重要歷史見證，甚至成爲當代人復振、創生原住民物質文化的重要參考依據。還是要再強調，清代這些不同時間點製作的番俗圖繪，基本上看不太到時間、空間的差異，像是一個被定格住的臺灣原住民形象，一群生活在被清朝統治者設定好的一格格的櫥窗裡被展示的所謂「番人」。（石文誠）

延伸閱讀

- 石文誠，〈帝國的邊陲論述：以清代臺灣圖像爲例〉，《歷史臺灣》一期（二〇一〇年十月），頁八—三一。
- 宋冠美、鄭勤思，〈國立臺灣歷史博物館藏《臺灣番社風俗》之版本比較與顏料科學分析〉，《歷史臺灣》十六期（二〇一八年十一月），頁七七—一二一。

HALT ON THE ROAD.

SKETCHES IN FORMOSA.

25

悠閒的旅遊時光

《倫敦新聞畫報》〈速寫福爾摩沙〉

館藏號　2002.006.0139
年代　1890 年
材質　紙質
尺寸　29.2 公分×39.9cm

平民交通工具：牛車

時光倒流到一、二百年前的臺灣，民眾除了步行往返兩地外，如果要到遠一點的地方，板輪牛車是陸上較常使用的交通工具，唯一缺點是當行走在碎石路或泥濘路上，路途顛簸，乘坐時的感受十分不舒服，所以經濟能力好、地位高的有錢人或政府官員，大多選擇舒適性較高的轎子。

一八六〇年代，臺灣開港通商後，有不少歐洲人來臺灣旅遊探險，入境隨俗，多少也會體驗一下臺灣特有的交通工具，比如騎牛或坐牛車，這個交通方式對初來乍到的歐洲人來說很滑稽，想不透為何不騎馬或搭馬車；事實上，這是因為臺灣並不產馬，當時的馬匹都是從中國大陸載運而來，只有官兵才有馬可騎。因此在交通工具的選擇上，來臺旅遊的歐洲人還是

上繪格利曼尼一行人從打狗騎著馬匹翻山越嶺往萬金庄的途中，行於陡峭下斜的河岸時，人與馬匹都站不穩的樣子。下圖則為行經一處沼澤地時，被一群野生水牛追逐。（館藏號 2003.015.0157）

一百五十多年前，來臺灣旅行的歐洲人，大多以馬匹為交通工具，並且在當地雇用挑夫。（館藏號 2003.015.0156）

偏好較舒適的轎子，至於牛車，大概就是體驗一下而已。

英國人格利曼尼的萬金遊記

一八九〇年二月八日至四月十九日，《英國倫敦畫報》（*The Illustrated London News*）連載英國人格利曼尼（Edmund Grimani）在臺灣的遊記。格利曼尼和幾位同伴選擇到臺灣旅行，目的地是屏東萬金，他們不坐轎子，而是以英國人習慣的騎馬爲交通方式。他們所行走的路線，是自一八六一年西班牙道明會在萬金傳教並設立據點後，其傳教士步行往返前金（今高雄市前金區）與萬金兩地的教堂的傳教之路；萬金也因爲萬金天主堂之故，在十九世紀末成爲西方人的熱門旅遊景點。

格利曼尼的遊記中，敘述著他們一行人騎著馬，雇了幾名挑夫擔運行李，大概走了一天才抵達萬金。格利曼尼還記載了他們行經一處水塘時，恰巧遇到一群水牛在喝水，因爲不小心驚動了牛群，而引來水牛群的一路追趕；當他們要換搭舢舨小船渡東港溪時，因逢大雨使得溪水暴漲，小船在渡溪時也險象環生。

此外，格利曼尼也對沿途竹林叢密的風景感到印象深刻，這大概是他在英國前所未見的景色。另一方面，格利曼尼對於來自部落的排灣族人特別感興趣，遊記中還提到排灣族人到萬金看漢人舞獅，旁邊是當地的平埔原住民敲鑼奏樂。自古以來，萬金即是閩南、客家、馬卡道、排灣等族群交會之地，再加上到訪的格利曼尼等一行歐洲白人，可以想見當時萬金多

格利曼尼目睹排灣族人到萬金看漢人舞獅，旁邊則有萬金的平埔馬卡道原住民敲鑼奏樂的多元文化相遇場景。（館藏號 2002.006.0139）

元族群相遇的有趣場景。一八九〇年格利曼尼的遊記報導，記錄了那年他的萬金之旅，也呈現十九世紀末歐洲人在臺灣很具體的旅遊行程。除此之外，這條路徑也是從打狗（今高雄）進入淺山及山區的一條在地人群慣常往來移動的路線，西方傳教士順此路徑得以擴展傳教據點，也因此讓此路徑上的人群得以接觸西方文化。

THE ILLUSTRATED LONDON NEWS, April 5, 1890.—436

SKETCHES IN FORMOSA.

We have published some of Mr. E. H. Grimani's sketches and notes of his sojourn at Takow, on the south-west shore of the Island of Formosa, and of his excursion, with two friends, to Bankimsing, a native village almost beyond the pale of Chinese civilisation, on the verge of the central highlands, where tribes of savage mountaineers have recently asserted their independence by sanguinary inroads on the peaceable dwellers in the plains below. The incidents of our correspondent's short journey, which did not extend beyond a visit of one night to the old Roman Catholic missionary's house at Bankimsing, as it was considered dangerous to go farther up the mountain country, have been sufficiently narrated. In order to join his travelling companions, who met him on the road from another place, he had to cross a wide lagoon in a rather unsafe boat or canoe, with two Chinese boatmen or boys, who encountered a violent gale of wind, raising formidable billows, as if in the open sea, and to them at least, in this adventure, there was some alarm, if not actual danger.

The long ride on horseback, after crossing the plains, where they were hospitably welcomed in Chinese villages and passed merrily among the Pepuhuans, or civilised native peasantry, was attended with some difficulties when they began to ascend the highlands; the forest paths were exceedingly rough; there were steep descents from the hills to the banks of rivers; deep quicksands, in which the horses floundered with desperate struggles; herds of half-wild buffaloes, which pursued and annoyed the strangers; and glimpses of possible human foes, every savage tribe being on the alert to see what these foreigners meant by approaching their country without invitation or permission. We are glad to know that no great harm came of it; and Mr. Grimani, with his pencil and sketchbook, though his own intentions were benevolent, seems to have frightened the wild folk more than they could frighten him. A whole tribe, led by their chief, not being armed with their spears or other primitive weapons, fairly ran away into the forest at sight of the three European horsemen followed by a troop of baggage coolies.

When after their arrival at Bankimsing, the travellers were reposing quietly in the house of the good old Spanish priest, who has resided there many years, a few of the more courageous savages ventured to enter, and to satisfy their curiosity by examining the dress and persons of the wonderful strangers. What these savages could not stand was any attempt to take their portraits by drawing or photography, which they considered a most baneful kind of magic. Mr. Grimani also tells us an amusing story of one of these wild people having come down to Takow, and, entering his house quite alone, with no hostile or mischievous disposition, making himself rather troublesome, meddling with every article of furniture, until he unwarily laid hands on an electrical machine. He got a painful shock, burst into a fit of rage and terror, seized and smashed the apparatus, and ran off howling to the forest whence he came. Such are the aboriginal Malay population of Formosa, inhabiting the greater part of that large island—the mountain region and the eastern districts. The Chinese sovereignty over them is only nominal, and is at this moment disputed by a fierce rebellion. The cultivated plains along the west coast, however, are occupied by Chinese planters, who raise sugar and other valuable crops; but much damage has been done by the recent savage attacks. The whole population of this island, which is about the size of Sardinia and Corsica put together, has been estimated at a million and a half. Its interior is almost unexplored by European travellers.

WELCOME BY AN OLD CHINESE FRIEND.

FLIGHT OF SAVAGE CHIEF AND HIS TRIBE.

CROSSING THE LAGOON IN A GALE.

SKETCHES IN FORMOSA.

照相術大約在 19 世紀中期發明，但當時仍不普遍，但此。不過這時西方世界開始出現以圖畫為主的刊物，這些刊物多普遍採石版印刷，由專門的畫家參照照片轉繪成版畫，放入刊物中做為插圖。這些刊物以圖為主，透過圖畫來報導世界各地的新奇見聞、事件，讓讀者不必再透過文字想像，可以有寫實的圖片來鮮活呈現世界各地新見聞。例如英國的《倫敦新聞畫報》（*The Illustrated London News*）便是當時著名的代表性畫報之一。

道明會傳教據點：萬金天主堂

格利曼尼一行人在萬金待了約七天，整日漫遊山林打獵，很是悠閒。本來他們還打算進入山區的排灣族部落探訪，但同伴有人得了熱病和瘧疾，因而沒有成行。當時歐洲人喜歡來到萬金遊歷參觀，除了來這上山打獵外，許多人是特地來參觀天主堂，對於西方傳教士能在山腳下的小村莊萬金立足，感到好奇與讚嘆。一八九三年萬金的駐堂西班牙神父就提到：「不時有來此參觀的這裡歐洲人，聽見他們高聲誦念玫瑰經後，高興地稱讚這些原住民美妙的聲音！」

早在一八六一年西班牙道明會郭德剛神父（Fernando Sainz）就來到萬金傳教，一八七〇年萬金天主堂落成。距今一百四十餘年歷史的萬金天主堂現已被認定為三級古蹟，於每年十二月的第二個禮拜天是主保瞻禮暨建堂堂慶，當日會有大彌撒禮和聖母遶境萬金村落等活動，如果遊人選擇在聖誕節造訪，更能感受到濃濃的佳節氣氛。（石文誠）

延伸閱讀

- 石文誠，〈略論十九世紀末西方畫刊裡的臺灣原住民圖像〉，《故宮文物月刊》三百七十期（二〇一四年一月），頁四十一—四十九。
- 蘭伯特（Lambert van der Aalsvoort），《風中之葉：福爾摩沙見聞錄》。臺北：經典雜誌出版社，二〇〇二。

御卒業記念帳

26

少女青春時代的見證

臺北州立臺北第三高等女學校御卒業記念帳

館藏號　2019.037.0005
（柳井慶輝、柳井慶明先生捐贈）
年代　1943 年
材質　紙質
尺寸　11.6 公分×16.3 公分×1.6 公分

記念帳裡的畢業祝福

一九四三年，就讀臺北州立臺北第三高等女學校（簡稱第三高女，今中山女中）的黃金梭同學畢業了；她和同學們互相留下的畢業祝福，以及其他日本時代受教育的資料，透過家族後代柳井慶明與柳井慶輝先生的捐贈，成為臺史博的藏品。這是一本內頁採用經折裝裝裱的記念帳，形式類似在日本神社參拜時用來書寫蓋章的御朱印帳，是畢業時同學之間手寫的留言本，工整的字體在封面的題籤上寫著「御卒業記念帳」。

翻開手帳，同窗們紛紛用日文寫下了畢業祝福，還有水彩及色鉛筆的插圖，不知道是出自哪位同學之手：

金梭，已經要道別了，雖然不捨，但還是盡早回家對母親盡孝道，回到家後不能每日

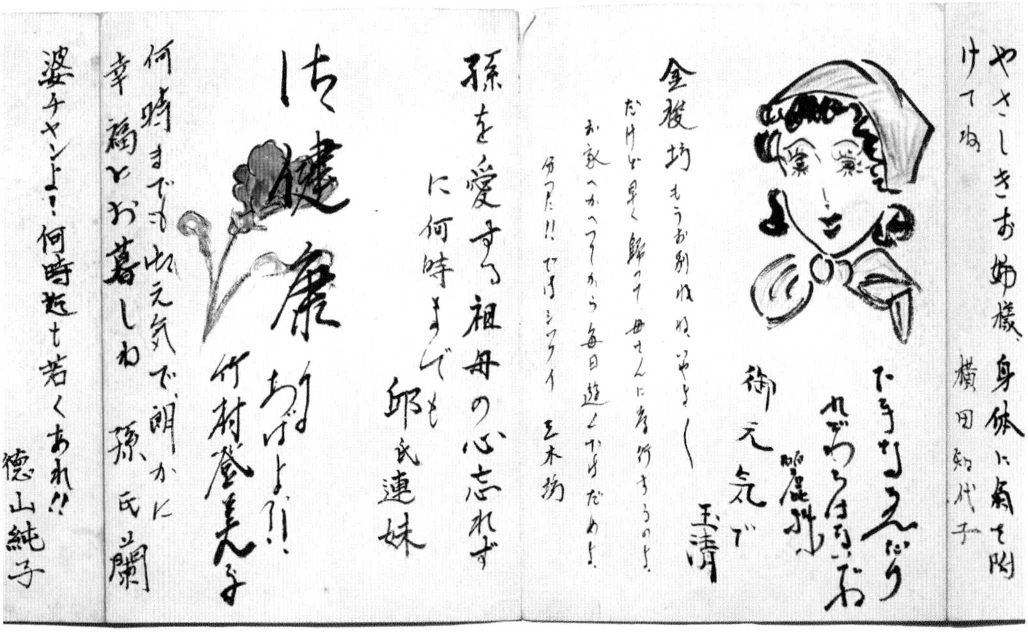

紀念帳中除了畢業祝福字句，還有水彩及色鉛筆的插圖。

玩樂了。分別了！！——王木

祝健康，再會！——竹村登美子

無論何時，要健康、開朗、幸福的過生活喔。——孫氏蘭

充滿祈願的文字，似乎也夾雜著對於學生時代結束的感傷。畢業時拿畢業紀念冊追著老師與同學簽名留言，爲一個階段結束留下紀錄的方式，看來和今天並沒有很大的不同。不過字裡行間所反映出的記憶，卻是既相似又不同的，繼續翻閱這本記念帳的一則則留言，我們似乎能夠稍稍從青春少女們的視角勾勒出屬於她們世代的校園經歷。

那時的女學生

日治時期，高女已是大多數臺灣島內女子的最高學歷，往日本內地留學的途徑其實並不容易。對多數人來說，高女畢業意味著與學生時代的告別，即使有意願進入職場，但走入婚姻和家庭還是相對普遍的情形。當年在闔上這本畢業記念帳後，或許也是自由做小姐的時間的結束。

帳中的書寫，經過與其他資料對照，除了同學之外應該還有來自師長和學妹的留言，它們大多是有關珍重告別的字句。再仔細翻閱內容，有幾位文學少女透過詩與和歌來傳達離別的情緒，也有行動派的朋友留下了地址加上叮嚀「記得來信告知消息呀」。

還有許多則留言是來自黃同學在弓道部的好友，當我們將這本卒業記念帳與和它一

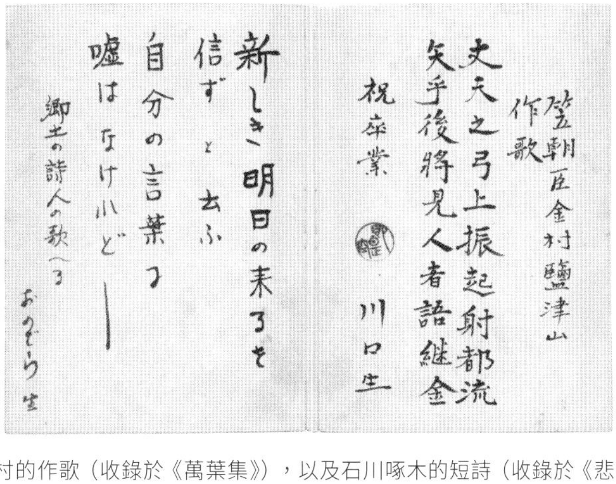

由右往左的兩首，分別是笠金村的作歌（收錄於《萬葉集》），以及石川啄木的短詩（收錄於《悲傷的玩具》）。

臺南第二高等女學校弓道部師生合照，學生皆穿著弓道服。收入 1941 年（昭和 16 年）製作《臺南第二高等女學校第 17 屆畢業紀念冊》內。（館藏號 2010.015.0191）

起捐贈的弓道社團資料相互參看，可推斷社團活動占了她高女生活重要的部分。第三高女的弓道部成立於一九三二年，當時的統治者藉由這些與日本精神高度連結的運動，來貫徹戰時體制鍛鍊皇國民身心的目標，武道也在此背景之下成爲了學校社團的主流之一。

永遠不要忘記弓道部的朋友。——福永多美子

要一直一直保重喔，有時也去道場吧。——芳川秀子

除了文字留言之外，其中一頁還有全版的風景畫，運用墨色和紅色的顏料繪製了連綿山峰、雲海和太陽。雖然沒有更多的資訊說明，不過我們推測這裡所描繪的可能是玉山或是七星山。第三高女自一九二七年起至一九四三年，每年舉行登新高山（玉山）活動，是學校例行的大事，爲了強健體能，學校也會舉辦遠足等戶外訓練，與學校同位於臺北州的七星山，想必是訓練地點之一了。

不論是武道或是登山，新式教育使得女性的知識視野和生活空間有了很大的擴展，只是結束學生時代回到家庭，時間仍似乎漸漸不屬於自己。不過不管如何，能夠藉由學校發展自己的能力和興趣，對上一個世代來說已是前所未有的事情，儘管隱約可見的矛盾存在其中，例如新世代的知識女性依舊在傳統家父長制度中背負壓力。回頭去看王木同學給金梭的留言，以及在其他訊息中也可見的「回家」、「孝順」等語，不知道其中是否隱含了什麼未能說出口的情緒。

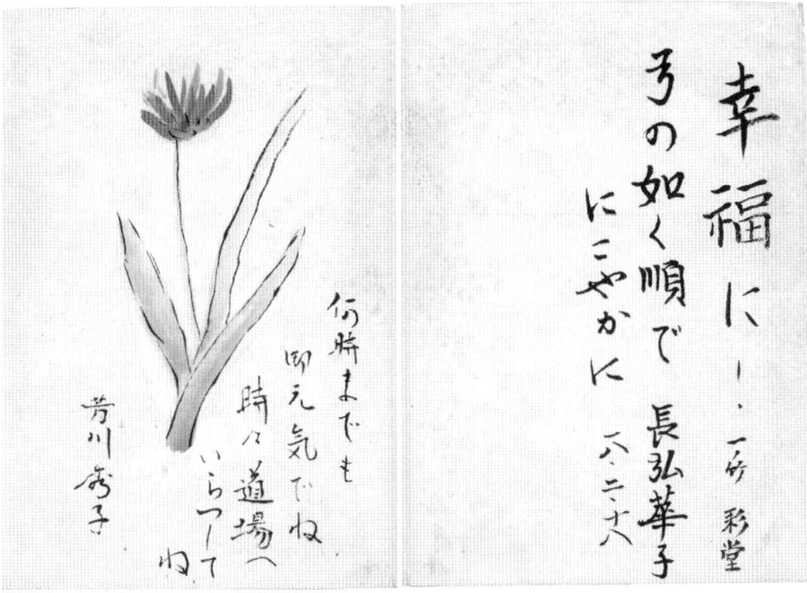

❶ 卒業紀念帳的一頁，有來自朋友的祝福。

❷ 卒業紀念帳的一頁，有一幅風景畫以及戳章。

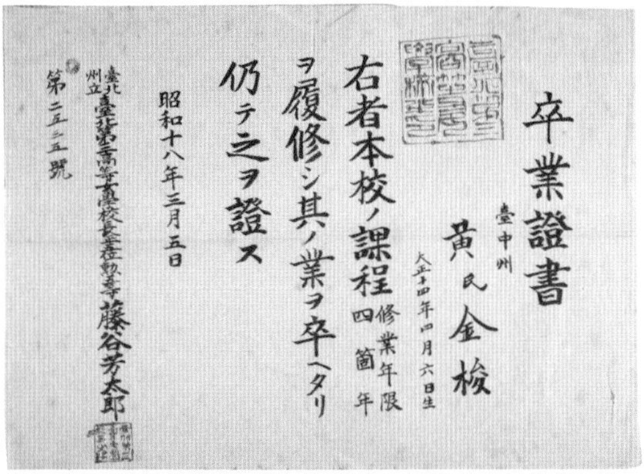

卒業證書

臺中州

黃氏金梭

大正十四年四月六日生

右者本校ノ課程 修業年限 四箇年

ヲ履修シ其ノ業ヲ卒ヘタリ

仍テ之ヲ證ス

昭和十八年三月五日

臺北州立臺北第三高等女學校長 藤谷芳太郎

第二五三五號

黃金梭就讀臺北州立臺北第三高等女學校之畢業證書，於 1943 年（昭和 18 年）年 3 月 5 日獲頒，證書號為第 2535 號。（館藏號 2019.037.0007）

畢業了，珍重再見

這批捐贈的文物中，屬於第三高女時代的除了這本卒業記念帳，還有黃金梭同學的弓道社團筆記、畢業證書、修業旅行等文書。這些私領域的紀錄，將時間凝結在她們的青春時代。卒業記念帳中的留言代表著一個時間的結束，也是新展望的開始，本文從中抓取了一些記憶切片，用以了解當時高女學生的生活面貌。這件文物也曾在臺史博經營的Instagram中刊登，許多中山女中的讀者看到「學姐」的手帳都很有共鳴呢！「第三高女！」、「看到了阿媽們的少女心」、「好興奮」，還有人分享了當時校內知名的社團。

每個世代都有它的校園記憶，其中有許多能夠共享的經驗。這是黃同學的畢業季節，你的呢？（簡郁庭）

延伸閱讀

・洪郁如著，吳佩珍、吳亦昕譯，《近代台灣女性史：日治時期新女性的誕生》。臺北：國立臺灣大學出版中心，二〇一七。

◇如何「黏」成一本經折裝記念帳

此件經折裝記念帳為十一開的雙面冊頁，正反面皆有書寫及繪圖。這類型的冊頁，裝裱方式稱為經折裝，正面與背面頁面間並非整面黏接，而是僅黏貼長邊，在翻閱冊頁時，會以「竹起子」等類似的工具，穿進頁面之間來翻閱，此方法既不損及冊頁邊緣，也讓潮氣較易逸散。

在首頁及末頁會黏貼封面，一般封面會以硬紙板包覆織布，但也有木頭材質，具有保護及裝飾等作用；織布則從平紋棉麻布至織錦皆有可能，本件文物是以平紋密度較低的織物，下方再襯有色宣，而題籤則通常會貼於封面左上方。

臺史博還有一件同為日本時代的館藏「臺灣一周紀念旅行」（館藏號 2015.031.0007）亦是一樣的製作方式，然而該件的封面是以黃色織錦包覆，保護性較高，也因此保存狀況較佳。（鄭勤思）

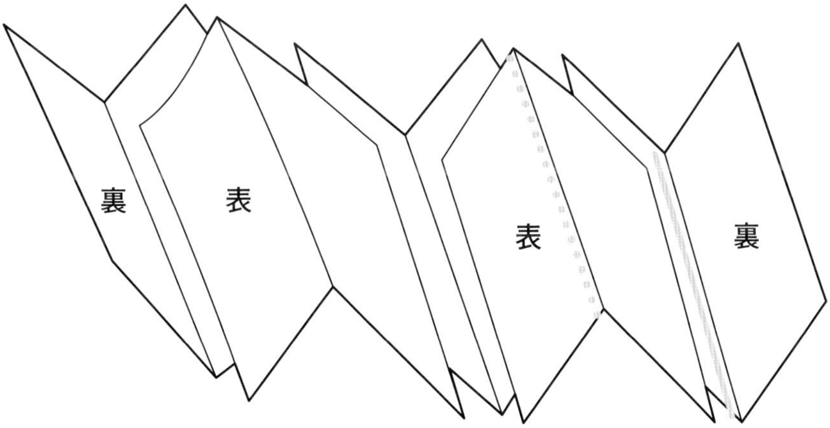

冊頁的結構示意圖，黃色線為黏著劑黏貼處示意（實線為正面，虛線為內側）。

27

一期一繪・最後的官葉

始政第四十回記念繪葉書

館藏號	2012.045.0032
年代	1935 年
材質	紙質
尺寸	10.3 公分 ×18 公分 ×0.3 公分

限時限量的紀念官葉

明信片在日語稱爲葉書（はがき），十九世紀後半開始，歐美流行透過明信片傳遞國際形象，是人們想像陌生之地的傳媒。日俄戰爭後日本流行以明信片作爲鼓勵軍心或與家人通報平安的短訊，一面印上圖畫或照片，一面空白供書信，蔚爲風氣，因加上了圖片，此種明信片又稱繪葉書（えはがき），而與俄軍征戰的相關畫面透過明信片的郵遞，亦讓日本躍上國際舞臺。成爲日本殖民地的臺灣，以明信片這樣的方式，呈現母國統治形象的期待，自不在話下。

一九三五年，臺灣總督府發行《始政第四十回記念繪葉書》（以下稱本繪葉書），爲始政紀念日上建構臺灣這塊殖民地視覺形象的最後一套官葉（官方發行明信片），套組共三張，外封套繪有粉彩插畫，正面印有「臺灣總督府交通局發行、始政第四十回記念繪葉書」等字，由該局遞信部負責規劃，背面則註明「參枚壹組賞價金貳拾錢」（意即三張一套特價二十錢）。總計一九〇五到一九三五年間，總督府共發行二十一套，除因世界大戰、天皇過世等日本局勢不穩因素中斷發行外，每年六月十七號始政紀念日上，以日本統治臺灣的起始日，發行一套官方主觀擇選製作的圖像官葉已成慣例，官方的發行與收看者的凝視，潛移默化地形塑國族認同。

從封套上正式書以「始政年數」，提醒和計算著日本統治臺灣的時間，於發售日前，報紙不斷公告開賣日，全臺郵局同步發售，試圖以共時製造話題，藉著「記念」二字告訴臺灣民衆這是屬於共同記憶的時間，三張一套也促成同期收藏的欲望，和當日限時限量的效應，每每於各期發行日引起排隊人龍搶購，即便民間亦可印製販售，仍不敵官葉大量印製傳播的影響，通郵的印刷品儼然化身宣傳統治事實的商品，烙印共同體的想像，最後這套紀念統治四十週年的繪葉書，成爲最後一期官葉，以繪畫的方式相會於世人，發行完後戛然而止。

始政四十周年傾力之作

一九三五年，雖爲官葉最後一次發行，但該年也是日治後期官方欲反映政經、軍事集於一身的高度影響力，擴大辦理臺灣史上第一大博覽會的「始政四十周年記念臺灣博覽會」宣傳年。乘此時間點帶動觀光旅遊效益，不論官民皆欲透過各類旅行文案、文宣商品，及各種展示文化景觀相互競逐（如現代建築、商品櫥窗、廣告看板、宣傳歌曲等）。本繪葉書成爲官方最傾力製作的重要文宣品之一，其影響力不輸博覽會，一同進入滿足統治者異國想像的殖民視覺系統，展示日本受西方現代性與消費文化影響的一環。

當時特別送回日本東京凸版印刷株式會社印製，採木版、膠印、最新ＨＢ製版印刷技術，並邀請知名三位在臺日籍畫家鄉原古統、木下靜涯與鹽月桃甫繪製風景畫，集東洋畫與西洋畫家的一時之選。東洋畫家鄉原古統繪臺灣神社（寫實膠彩畫）、木下靜涯繪新高山（墨繪山水畫）、西洋畫家鹽月桃甫繪鵝鑾鼻（野獸派繪畫），呈現各異其趣的三種畫風，足見製作講究。內容面後二位畫家選繪官方主導票選的臺灣八景：新高山（今玉山，相對於日本第一高山富士

東洋畫家木下靜涯繪製時稱新高山之玉山。

東洋畫家鄉原古統繪製的明治橋與臺灣神社。

西洋畫家鹽月桃甫繪製的鵝鑾鼻，與海邊的現代建築燈塔。

繪葉書背面印有郵票張貼處，為臺灣總督府特有的二個三角形組合而成的「台」字菱形標誌，和橄欖綠字樣「Carte Postale」（法文，意為明信片）、「郵便はがき」（日文，意為郵政明信片），以及發行與印刷等單位資訊。

山而稱）與鵝鑾鼻，分別具有大日本帝國象徵，和領土擴及最南端的南國意象。此外，在鹽月桃甫和鄉原古統所繪畫面中，可見統治者興建之現代建築燈塔、第一座臺灣神社皆說明本繪葉書是殖民地統治成果的展示窗口。其次，封套的裝飾紋樣，及內面二側折口上使用的幾何圖形，亦透露出日本受西方新藝術、裝飾藝術的影響，從文化與設計上表徵殖民進程。

最後一期官葉的畫外之音

過往官葉爲濃縮當時日本設計風格的再現，試圖裝飾拼貼臺灣風俗畫、透視街景和地方產物，來描繪當下殖民者角度的臺灣風景，同時，題名引入日本統治的時間觀，強化殖民關係。在一次次發行與買賣間，記錄日人治理的眼光和史觀，演證官方明信片如何成爲教育宣導的工具，傳播日人在臺建設，逐漸凝聚島民認同。然本繪葉書如往常雖由官方主導，實則畫家們可能意圖演繹另一番風景，回應官方歷來傳統，開展具在地文化素養的臺灣美術主體，於時間光譜上另起端點，撩撥最後一期官葉的畫外之音。

根據學者研究，當時擔任總督府始政紀念繪葉書顧問，培育許多臺籍畫家，爲「臺灣洋畫之父」的石川欽一郎曾表示，過去的繪葉書極其幼稚，未足表現臺灣本島眞實景致的任何一地。於是，石川捨棄過去官葉上對原住民攝影肖像的刻板挪用、官員大頭照的殖民者意象、各地土產風物圖與美人風俗畫等產業景觀，也不再採用充滿權力視線的全景式街道透視圖。一九二七年，更和本繪葉書的三位畫家聯合創立「臺灣美術展覽會（臺展）」，入選臺展的畫作也能製作繪葉書，以郵遞途徑傳遍島內外，間接影響臺灣美術的發展。

臺展畫家們傾向描摹獨特的臺灣色彩，如石川欽一郎在繪葉書表現農村紅瓦質地的臺灣之美。與他一同超脫官葉既有景觀框架的繪者群亦在本繪葉書中逐一實踐。木下靜涯運用淡彩墨繪蘊染山水畫，層次地描繪玉山霧氣與紅檜木森林，展現臺灣高山的溼氣、靈木之美；鄉原古統從明治橋遠眺臺灣神社的構圖，非全景式地突破官葉統治眼光，並使用木板印刷，呈顯臺灣本地質樸之美；鹽月桃甫所畫的鵝鑾鼻燈塔和崑崙樹，更是呼應一九三〇年代吹進臺灣的野獸派畫風，鮮明大膽的色塊線條，凸顯這批在畫壇強調個人風格的畫家，極欲點燃潛藏於臺灣美術在地能量的心象風景。觀時間多重涵義，最後一期官葉終結其生命，合流至圖像繪畫的傳播，臺灣美術才正要開展另一篇重新看待臺灣的視野。（賴玟靜）

延伸閱讀

- 李欽賢，《台灣的風景繪葉書》。新北：遠足文化，二〇〇三。
- 二松啟紀，《繪葉書中的大日本帝國》。臺北：麥田出版，二〇二〇。
- 施淑宜，《見證——臺灣總督府 1895～1945（下）》。臺北：立虹，一九九六。
- 潘郁雯，《臺灣「始政紀念繪葉書」文化意涵之研究》。臺北：國立臺灣師範大學臺灣史研究所碩士論文，二〇一三。

◆特許HB製版印刷

本繪葉書除邀請名家操刀設計，亦搭配最頂級的印刷技術。日本政府當時雖開放民間製作繪葉書，但在尺寸、用紙品質及內容上皆有明文規定，並且最新印刷設備與技術仍掌握在日本內地，該繪葉書封套內側折口的部分，文字說明官葉採特許制，代表這套官葉只允許送至東京凸版印刷株式會社使用ＨＢ製版印刷。

ＨＢ製版（照相製版法）由徐布納（William C. Hubner）和布雷斯坦（George Bleistein）共同發明，ＨＢ即為兩人之姓名縮寫，ＨＢ製版法於一九二〇年代由日本的凸板印刷株式會社，從美國引進其印刷設備使用，其特色為可印出與原始圖像相同的顏色。印製前先透過照相設備，把要複製的文字、圖案按照要求，拍攝在感光片上，以此獲得製版用的陽圖底版，這種底版能提供精細的線條和文字，並複製色彩階調複雜的圖案，為當時最頂級的印刷技術。

28

震動人心的天災

昭和十年臺灣新聞社編
《臺灣大震災記念畫報》

館藏號	2001.008.0030
年代	1935 年
材質	紙質
尺寸	25.9 公分×18.3 公分×0.5 公分

臺灣處於地震帶上，百年一大震似乎是無法避免的宿命，就像現在三十歲以上的人，對一九九九年的九二一地震應該都難以忘懷。臺灣目前的歷史紀錄上，死傷最嚴重的地震，是發生在一九三五年四月二十一日的中部大地震，達到芮氏規模七點一，死傷人數計一萬五千多人，新竹州和臺中州受創最爲嚴重，因震央位在苗栗關刀山附近，有人稱作「關刀山大地震」，且斷層線上不少街庄傷亡慘重，根據地方民衆對這場大地震的強烈記憶，也有「墩仔腳大地震」或「清水大地震」等稱呼。

寫真中的地震現場

清晨六點〇二分，原本普通的一天迎來意想不到的大地震，連臺北都能感受到震度，中臺灣靠近震央附近的街庄因爲建築倒塌、通訊線路斷絕，甚至部分地區道路橋梁斷裂，呈現與外界失聯的情況，新竹、臺中兩地的州廳爲了確認地方上的情形，立即派出人員前往調查，同時報社記者也馬上出發到第一線採訪，他們見到了超出想像的慘烈景象：幾乎全垮的村莊、大量受傷的驚恐民衆，還能行動的人則在土塊瓦礫中挖掘家人。慘重災情透過電報、電話、新聞報紙等各種方式，傳播到全臺灣及日本。

這本《臺灣大震災記念畫報》由臺灣新聞社出版，是日治時期臺中代表性的報社，發行於一九三五年（昭和十年）六月三十日，在日本印刷，約是地震發生後的兩個月後，對震災情形及後續調查已提供概況的介紹。畫報封面使用了新竹北埔慈天宮前被震毀的巴洛克裝飾街屋照，視覺效果驚人。書中收錄災情現場照片，可看見豐原郡內埔庄整片屋舍全垮，災民以臨時搭建的棚子爲住所，醫療救護班、募捐活動的照片等，以及受天皇之命、來自日本的入江侍從視察災區拍攝的隨行照片，充滿了第一手資料。

書中同時也包含傷亡統計及地震調查等官方資料，據統計，新竹州一千三百六十九人死亡、九百九十九人重傷。臺中州一千九百〇七人死亡、一千五百八十人重傷。兩州的屋舍全倒、半倒及大小損害共計五萬四千六百八十八間。死亡人數最多的地區是臺中州豐原郡內埔庄（今后里區）九百六十人，另外死亡超過三百人以上的還有神岡庄、銅鑼庄以及淸水街。

地震發生在早晨六點左右，許多民衆尚未起床或正準備早餐，就被倒塌的牆面土塊、梁柱砸中導致傷亡。臺中的傷亡人數高於新竹，推測與不同族群的生活作息差異有關，因爲新竹、苗栗附近多爲客家聚落，客家人習慣日出卽出門工作，減低了倒塌屋舍造成傷害的情況。

第一次跨越臺日的募款賑災活動

發生如此大規模的震災，官方及民間力量都湧入災區展開救護活動，需要處理的問題相當多，包括：屍體挖掘、傷者醫療收容、修補救援道路、爲災民提供食物等。投入救災的組織，有日本人爲主的在鄉軍人會、婦人會，以及地區性的壯丁團、青年團組織。

死者續出せる豐原郡內埔庄屯子脚

今回の地震で新竹・臺中の兩州下を通じて、最も多數の死者を出した豐原郡內埔庄屯子脚の全景で、總てが粉々に打碎かれ手もつけられぬ慘狀である。只電信柱のみがゆがんで殘立してゐるのも悲慘である。

慘鼻を極めたる苗栗郡下

今回の大震災に最も被害甚大なりし苗栗郡下は死者五百七十餘名、負傷、千五百餘名、全壞家屋二千六百餘戶、半壞家屋八百數十戶を算し、凄慘を極めた。寫眞（右上）は苗栗郡公館庄石圍墻の倒壞家屋（左上）は苗栗街の負傷者收容所（下右）は軒並に倒壞せ

❶ 內埔庄屯子腳（舊稱墩仔腳）災後全景。

❷ 苗栗郡的災後情況及收容所災民。

大地震發生後，全臺政府單位及民間工商團體興起捐款賑災的風氣，《臺灣日日新報》可見許多類似報導，例如臺北兩家劇場將四月二十六日的入場費收入全數捐出；淡水街役場也有義捐募集公告，金錢以外之物品亦宜；臺北商工協會則是購買魚乾、醬菜可長期保存的食品及日用品寄送災區；臺灣新聞社也響應總督府的救護方針，協助將救濟糧食送入災區救急，並募集義捐金達一萬圓。

家住清水街的士紳兼政治運動家楊肇嘉，地震後確認家人平安後，立即帶領家族去幫助其他需要救援的民眾，並在二十六日召集數名臺中的醫師和看護婦（即護理師）成立診療團，對鄰近地區提供治療，除外傷的醫治，也對災民進行健康診斷，避免後續傳染病的發生，對當地災民帶來很大幫助。後續也參與《臺灣新民報》發起的賑災義捐巡演音樂會，該音樂會由臺灣音樂家於七、八月期間至全臺各地巡迴演出，傳達一同爲地震募款的精神。

所謂「有錢出錢，有力出力」，就算是生活不特別富裕的民眾，依然想辦法提供援助，彰化市陳榮外等八名人士共同募集白米、甘藷等貨物，直接開車載去災區現場。另有篇報導提到彰化永靖湳港西人詹明，熟習接骨醫術，聽聞震災有不少被壓斷骨頭的民眾，自發前往內埔屯子腳爲受傷者治療，之後又前往清水，往來旅費及醫藥費全部自付。

不只在臺灣島內，大地震的消息連日本也很關注，日本一九二三年才經歷過關東大地震，對於地震災害的痛苦特別感同身受，在東京街頭出現募款鼓勵義捐。在日本工作求學的臺灣人們更團結發起募款音樂會，希望爲家鄉盡一份心力。

❶ 旅日臺人舉行臺灣大震災義捐音樂會。（秋惠文庫暫管館藏號 T2018.001.7556）

❷ 東京為臺灣地震義捐及日本紅十字會準備前往震災地。

❸ 臺灣新聞社的貨車協助載運物資。

災難過後

臺史博另有典藏一組「臺中內埔庄災後重建明信片」，圖中展示嶄新的內埔街道，旁邊對照當初如廢墟般的景象。被震到梁柱歪斜的公學校已經修復，震斷的橋已經重修，經歷一年多的重建工程，災區已慢慢恢復，明信片簡單明瞭地對比出災後重建的事前和事後，感受到時間流動下的演變。

由於內埔庄是這場大地震中最嚴重的災區，這樣的明信片對總督府具有標誌性的意義，可強調災後復興政策成功的官方宣傳；官方也在內埔設立「大震災內埔庄殉難者追悼碑」，代表對亡者的官方紀念。

戰後臺中內埔庄被改名爲后里鄉，這座紀念碑在一九六六年從后里國中舊址遷到今日后里區公所後方，每年四月二十一日，當地依然會舉辦紀念地震罹難者們的追悼會，雖然當時紀念碑建立有著官方由上而下的立場，但政權改變後當地民眾仍持續地舉辦紀念儀式，民間實質上的紀念儀式傳承，才眞正凸顯了大地震記憶在人們心中的重要性。（陳虹年）

延伸閱讀

- 森宣雄、吳瑞雲，《臺灣大地震：一九三五年中部大震災紀實》。臺北：遠流，一九九六。
- 陳怡宏，《地震帶上的共同體：歷史中的臺日震災》。臺南：國立臺灣歷史博物館，二〇一七。
- 國立臺灣歷史博物館，《觀・臺灣》第三五期地震專輯（二〇一七年十月）。

臺中內埔庄災後重建明信片。（館藏號 2019.031.1106）

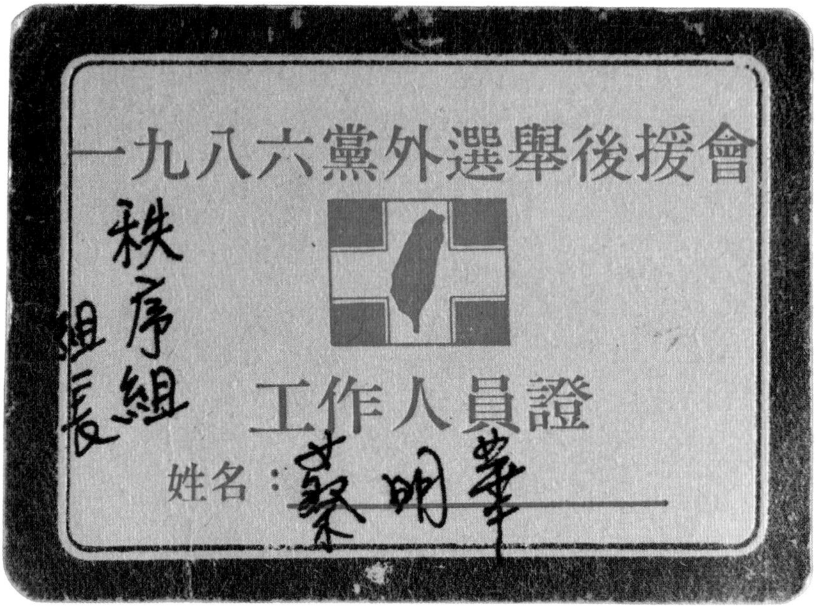

29

抓緊組黨 關鍵時機

一九八六黨外選舉後援會
工作人員證

館藏號 2020.010.0001
（蔡明華女士捐贈）

年代 1986 年

材質 紙質

尺寸 9 公分 × 6.4 公分

改為威權統治監視下的組黨行動

「我不知道那天要組黨，很多人都不知道……後來才知道有個十人祕密組黨小組。」本件文物的捐贈者蔡明華律師回憶說道。一九八六年九月二十八日，黨外人士在圓山大飯店召開「一九八六黨外選舉後援會」，展開「第一屆立法委員第五次增額立法委員、國民代表選舉」候選人推薦及輔選工作，蔡律師當時是擔任秩序組組長。

這張工作證中間有個大家熟悉的十字符號及綠色臺灣，也就是現在的民進黨黨旗。這圖案設計是歐秀雄爲「一九八五年黨外選舉後援會」設計的旗子，圖案中的綠色十字旗，象徵「臺灣背著民主的十字架」，後來亦有著不同的意義「臺灣走在十字路口上」、「一個十字、各自表述」。此圖案延用至「一九八六年黨外選舉後援會」，之後更成爲民進黨正式的黨旗。

當天會議在上午九點二十分開始，主持人是游錫堃，會議開始沒多久先討論議程，意外地加入了組黨的事項，並以臨時動議，新增組黨討論案，由費希平擔任下午組黨會議的召集人。下午二點五十五分開始討論組黨案，會場激辯黨名、黨章等議題，在籌備組黨與正式組黨間搖擺不定，「我印象很深刻，那天朱高正大聲地說，要正式組黨。」蔡律師說，會場意見於是往正式組黨的方向走，當日下午六點〇六分，費希平宣布：「民主進步黨正式成立。」

一九八六年的臺灣仍是戒嚴時期。在戒嚴時期，中國國民黨專政下，沒有另組黨派的選項。一九六〇年創辦《自由中國》雜誌的雷震等人倡議組中國民主黨，而後雷震被羅織「包庇匪諜、煽動叛亂」罪名判刑，組黨行動亦告瓦解，組黨成爲不能觸碰的禁忌。

沒有黨名的黨

雷震一九四九年年底創辦的《自由中國》可謂黨外雜誌之濫觴，在此之後，雖然查禁、停刊事件頻傳，但黨外雜誌創辦從未停歇。一九五〇至六〇年代有《自由中國》、《文星》，以及延續到一九七〇年代的《大學雜誌》；而一九七五年，由《大學雜誌》出身的許信良、張俊宏等人，結合黨外政治人物黃信介、康寧祥，創辦的《臺灣政論》，成爲戰後臺灣第一本由本土精英所創辦的黨外雜誌，爾後還有《八十年代》、《美麗島》等等。特別是《美麗島》雜誌，在各地成立服務處及分社，朝向一個「沒有黨名的黨」的方向發展。

但在一九七九年十二月十日，《美麗島》雜誌社人員爲慶祝國際人權日在高雄辦理活動，惟申請集會未通過，仍依原定計畫辦理，但國民黨政府已出動鎮暴部隊等嚴陣以待，當天晚上的衝突及隨之而來的逮捕行動，也就是後來人們所熟知的美麗島事件或高雄事件，一度大挫黨外勢力。卽便如此，一九八〇年代的黨外雜誌仍持續開辦。

一九八三年，黨外年輕一輩的編輯群、作家，共組「黨外編輯作家聯誼會」，積極參與選舉事務，並以原來的媒體專業與國內外媒體建立直接管道，讓黨外活動的眞實狀況傳播出去。

以「選舉後援會」之名

在國民黨專政下，「選舉」是黨外有識之士參與政治改革的重要道路，儘管國民黨各種舞弊事件頻傳，但黨外人士藉由限縮在「地方」層級的選舉，如臺灣省議員選舉、地方選舉等，逐步建立民意的基礎，並培養下一世代的接班人；比如擔任組黨行動關鍵人物之一游錫堃，即受黨外大老郭雨新啟蒙。

一九七九年的美麗島事件雖一度讓黨外挫敗，但在一九八〇年年底中華民國第一屆立法院第三次增額立法委員選舉、增額國大代表選舉，黨外候選人中不乏美麗島事件受刑人家屬及相關人，競選期間不顧當局反對，大談美麗島事件，並以延續黨外香火等為訴求，成績斐然。一九八一年地方縣市長、市議員及省議員選舉，黨外人士組成黨外推薦團，透過共同推薦黨外候選人的方式，制定共同的宣傳形式、標語。一九八三年選舉時，成立「一九八三黨外選舉後援會」，黨外已朝向組織化。

如前述，黨外年輕一輩組「黨外編輯作家聯誼會」集結力量，因選舉等而任公職的黨外人士們則於一九八四年亦組「黨外公職人員公共政策委員會」，一九八五年為吸引更多人參與，將「公職人員」拿掉，改名為「黨外公共政策委員會」（公政會）。

一九八六年籌備組黨聲量很大，五月在美國的許信良成立「臺灣民主黨建黨委員會」，六月編聯會成立組黨工作小組，公政會也提出「民主時間表」，七月傅正成立「十人祕密組黨小組」。

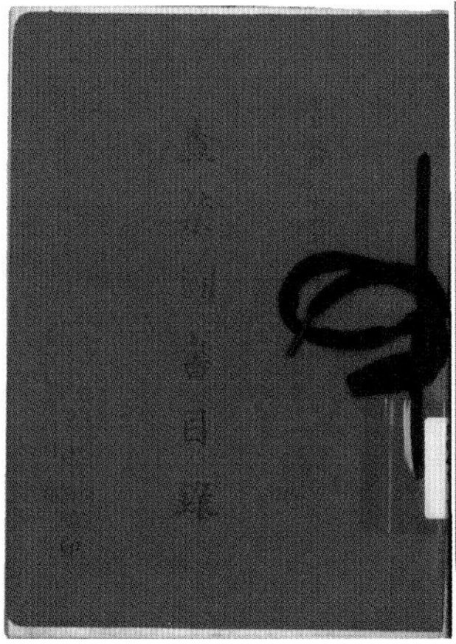

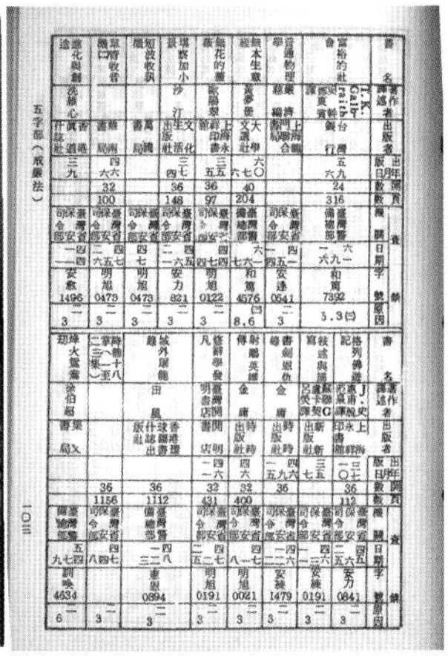

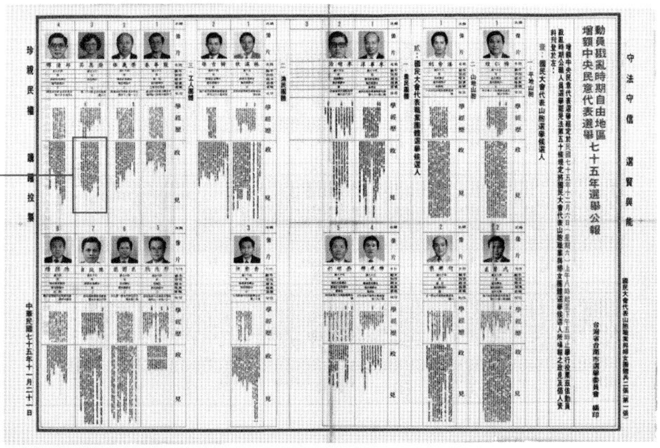

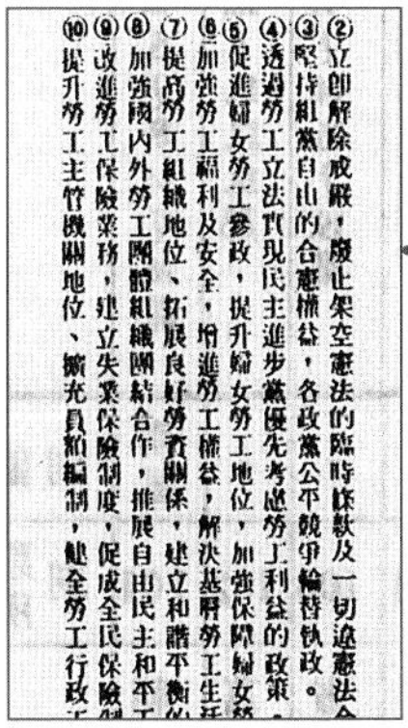

《查禁圖書目錄》（1977年），臺史博圖書館藏書，顏伯川贈書。在禁書名單中，金庸的《書劍恩仇錄》、《射鵰英雄傳》都在列。

《動員戡亂時期自由地區增額中央民意代表選舉七十五年選舉公報》中，由「一九八六黨外選舉後援會」推派的工人團體代表徐美英的政見寫道：「堅持組黨自由的合憲權益，各政黨公平競爭輪替執政」。（館藏號 2006.002.1468）

當國民黨緊盯著這些組黨行動之時，卻沒想到黨外人士竟在一九八六年九月二十八日在圓山飯店的「一九八六黨外選舉後援會」正式組黨——民主進步黨就這樣利用「選舉後援會」這個任務型的組織，暗渡陳倉、順利成立。

關鍵十日

然而，在九月二十八日組黨前，黨外各組織對於組黨仍未有共識；身爲「一九八六黨外選舉後援會」召集人的游錫堃以籌備會議爲由，希望各黨外代表能在前一天來開會。九月二十七日開會討論時，游錫堃說「明天是組黨最好的時機」，後來現場多人同意、連署提案，並討論隔天的組黨會議流程，這次會議是組黨前唯一一次的預備會議。

爲什麼會認爲當日是最好的時機？根據游錫堃的自述，之所以會選擇九月二十八日組黨，是因爲爲一九八六年的投票日是十二月六日，候選人登記日爲十月二十九日至十一月五日，所以，如果九月二十八號組黨，萬一國民黨抓人、逮捕原本要代表黨外競選的候選人，仍有緩衝期可以補推薦候選人；此外，還有另一個理由：九月二十八日星期日爲教師節，隔天補假，情治人員正在放假，將來不及反應。

雖然一九八六年國民黨已思索鬆綁政治，而且美國方面也關切臺灣人權，並施加壓力，希望達成政治開放，都有利於組黨的情勢，然而，國民黨仍透過媒體散布將依法處理組黨一事，恫嚇黨外人士。但是，黨外人士也規劃好分批被逮捕的預備人員，希望組黨不因人員被逮捕而告終，可見當時黨外運動應對當權者，既有願意犧牲的心理準備，也有縝密的攻防計策。

直至十月七日，蔣經國接受《華盛頓郵報》（*Washington Post*）專訪，表示政府卽將制定《國家安全法》，並解除戒嚴、開放組黨，才終於解除民進黨創黨成員可能被補的警報。（曾婉琳）

延伸閱讀

・陳儀深，《從建黨到執政：民進黨相關人物訪問紀錄》。臺北：玉山社，二〇一三。
・王曉玟，《衝破黨禁1986：民進黨創黨關鍵十日紀實》。臺北：圓神，二〇一二。

太陽堂

30 歷史事件的保鮮

太陽堂太陽餅海報

館藏號	2016.032.0947
年代	2014 年
材質	複合材質
尺寸	21 公分×29.6 公分 ×1.5 公分

時間回到二〇一四年三月十八日晚間，臺灣學生與公民團體因不滿前一日《海峽兩岸服務貿易協議》通過審查，占領立法院，直到同年四月十日才撤出立法院議場，長達二十四天的社會運動，被稱作三一八學運或太陽花學運。學運期間，抗議團體一度占領行政院，並衍生行政院秘書長辦公室內太陽餅被偷吃的爭議，抗議團體爲諷刺此事件，將太陽餅黏貼在海報上作爲遊行宣傳海報之一。當運動結束之後，這些物件並沒有隨著運動的結束而滅失，中央研究院採集後移轉至臺史博，並與臺史博自行採集的物件合併蒐藏，使臺史博對這場重大歷史事件有相對完整的蒐藏。

社會運動過程中，所使用的宣傳海報、布條或是道具等，經常是快速取得，無論是材質本身或是製作方法乃至製作時間，都無法百分百的講究，甚至使用許多現成物作爲媒材，目的都是了能快速、明確且明顯的表達訴求。過去博物館所蒐藏的物件多數材質穩定，能透過環境控制給予預防性的維護，在相對長時間中維持原貌。但面對太陽餅這樣食品類藏品，既有的博物館環境顯然已無法滿足太陽餅的保存，如何儘可能地讓太陽餅的時間靜止在入藏的那一刻，成了保存修護的重要課題。

從太陽餅外觀看來，包裝明顯皺褶，破損的可能性高，太陽餅本體已破碎不完整，整個物件被黏貼固定於黑色卡紙板上，包裝材喪失氣密性，造成包裝袋中的水分增加，也會讓氧氣含量上升。從入藏的狀態評估，要完整復原修復可行性極低，僅能透過維護與預防手段減緩時間對藏品的侵蝕，保存方法雖可選擇使用冷凍或是脫氧法（同時具有乾燥），但考量臺史博冷凍設備的空間太大，而且也僅有少數同類型藏品可集中共同存放，不符合經濟效益，因此決定以脫氧法方式獨立包裝進行保存，也就是將太陽餅與脫氧劑一起以可以阻絕氧氣的塑膠膜密封，讓袋子中的氧氣濃度降低到千分之三以下。在經過脫氧包密封後，目前尚未發現有外觀有新的狀況產生，後續仍須持續觀察。由於脫氧劑仍有時效性，每隔一至二年就需更換一次，也可同時檢視低氧的環境下，太陽餅是否維持在入藏時的狀態，是一個無法因入藏而減少維護的特別藏品。

如前所述，太陽餅的入藏，對於臺史博保存的方法無疑是一個新的課題，過去臺史博收藏了茶葉罐、茶葉包或杏仁罐，多數都是乾燥密封狀態，相比之下，太陽餅更具風險與挑戰性，使博物館重新思考未來保存方法多樣性，讓更多具時代意義的物件能夠被保留下來。類似的

318學運太陽堂太陽餅海報入藏時外觀。（館藏號 2016.032.0947）

同樣是食品類藏品的杏仁罐。（館藏號 2010.031.0278.0005）

博物館將太陽餅與脫氧劑一起密封，減緩時間對藏品的侵蝕。

蒐藏也發生在英國，英國萊姆斯特博物館（Leominster Museum）蒐藏了一件第一次世界大戰的「切爾西麵包」（Chelsea bun），是一位士兵收到姊姊寄送的包裹內容物之一，但士兵還未來得及享用就負傷住院，包裹後來輾轉被退回原寄件人，這位姊姊對於物歸原主一事相當感動，也一直將它保存在身邊，並在去世前捐給了博物館。雖然物件本身已脫離原有收件主人，但也乘載著當時的戰爭記憶，如同太陽餅雖然脫離了事件現場，但透過臺史博運用脫氧密封的方式，仍然努力著維持物件當時的狀況，讓物件能夠持續訴說三一八公民運動的故事。（張銘宏）

延伸閱讀

・莊庭瑞，〈當代事件之記憶：三一八公民運動文物紀錄典藏庫之建立〉，《檔案半年刊》，十六卷二期（二〇一七年十二月），頁三二―四一。

24 清代臺灣原住民圖繪

- **1838**：05 鳳山鄭家的墓碑
- 1823：中部岸裡社等原住民社群共同簽訂集體前往埔里盆地開墾的契約。
- 1812：噶瑪蘭廳成立。
- 1786：林爽文事件爆發。
- 1760：官府於臺灣中、北部劃定藍線番界。
- **18世紀中期**：24 清代臺灣原住民圖繪
- 1721：朱一貴事件爆發。
- 1684：清朝設置一府三縣，開始治理臺灣。

05 鳳山鄭家的墓碑

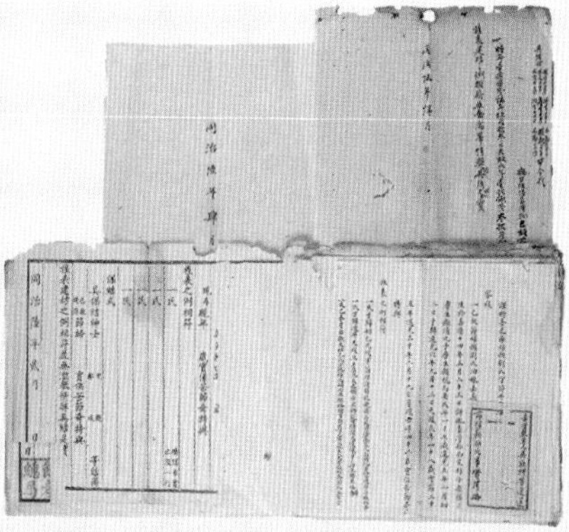

03 清同治年間臺郡節孝局關係呈報文件

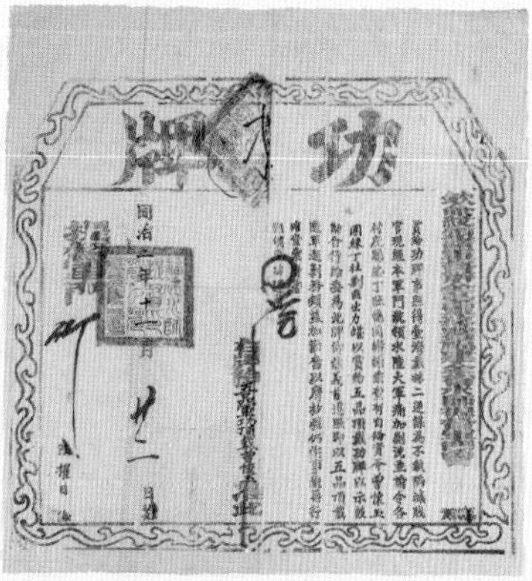

16 同治二年剿戴林二逆之亂五品軍功頂戴功牌

1871 琉球國漂流民於恆春八瑤灣一帶上岸遇難，史稱八瑤灣事件。

1868 *02* 安平顏家的出嫁帳單

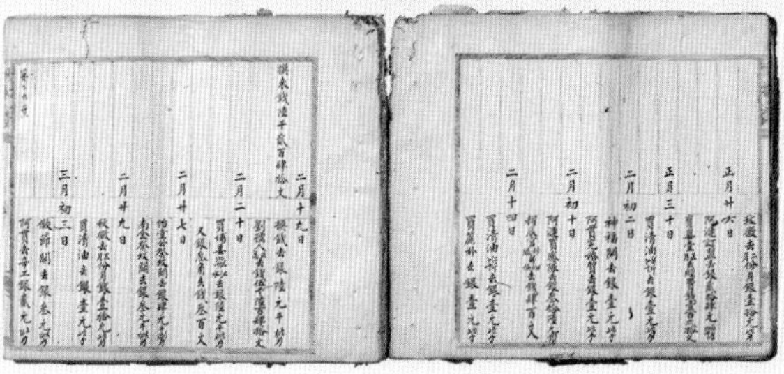

1867 *03* 清同治年間臺郡節孝局關係呈報文件

- ◊ 羅妹號事件，美國商船在南臺灣沿海遇難。李仙得與卓杞篤簽訂〈南岬之盟〉。
- ◊ 英國長老教會牧師李庥抵達打狗。

1865 英國長老教會宣教士馬雅各來臺行醫傳教。

1864 *16* 同治二年剿戴林二逆之亂五品軍功頂戴功牌

1862 戴潮春事件爆發。

1861 西班牙道明會在萬金設立據點。

1858 清朝與各國簽訂條約，淡水、安平等地開港。

1895
◊ 甲午戰爭清國戰敗，簽訂《馬關條約》，臺灣割讓日本。
◊ 乙未戰爭在臺爆發。

1894
臺北正式成爲省會。

1890
25《倫敦新聞畫報》〈速寫福爾摩沙〉

1887
清朝設立福建臺灣省。

1884
清法戰爭爆發，法軍攻擊基隆、淡水。

1883
鵝鑾鼻燈塔興建完成。

1879
臺北府治由竹塹城（今新竹市）移至臺北。

1875
清軍開闢八通關越嶺道路，增設臺北府，沈葆楨來臺辦理新政。

1874
日本出兵恆春半島長達半年，是爲牡丹社事件。

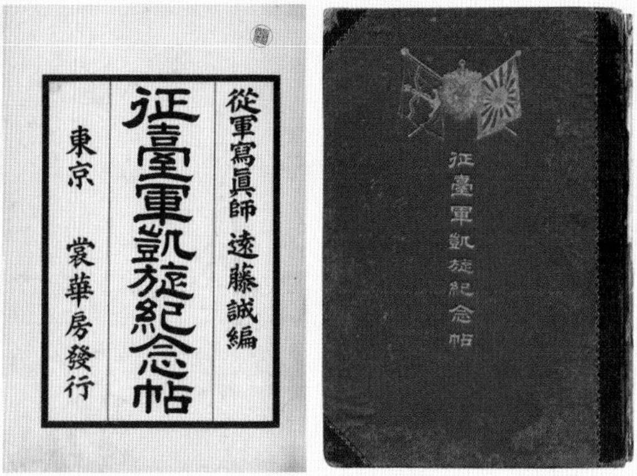

17《征臺軍凱旋紀念帖》

1896

1898

◊ 臺灣總督府首度舉辦日本物產博覽會。

◊ 臨時臺灣土地調查局成立，進行地籍調查與製圖。

1906

臺灣總督佐久間佐馬太上任，積極推動「理蕃」事業。

1908

◊ 臺灣縱貫鐵路通車。

◊ 臺灣總督府展開首次大規模蕃地測量與製圖行動。

1909

◊ 臺灣總督府民政部新設蕃務本署。

◊ 日本陸軍參謀本部陸地測量部，決定在臺灣展開三角測量與製圖工作。

1910

臺灣總督府接手興建阿里山鐵路。

1912

阿里山森林鐵路通車。

1915

噍吧哖事件爆發。

13 陸季盈一九四〇年日記

12 朱漆雕花鑲大理石床板八腳紅眠床

01 黃煌輝的北港進香旗

1940

1937

◊ 盧溝橋事件爆發，中日戰爭開始。
◊ 新高山阿里山國家公園成立。

1935

1932

滿州國成立。

1921

臺灣文化協會成立。

1920

◊ 臺灣地方制度改正。
◊ 嘉南大圳工程動工。

1919

臺南實施町名改正。

1916

27 始政第四十回記念繪葉書

28 昭和十年臺灣新聞社編《臺灣大震災記念畫報》

06 潘再賜編錄埔里愛蘭潘家世系圖表

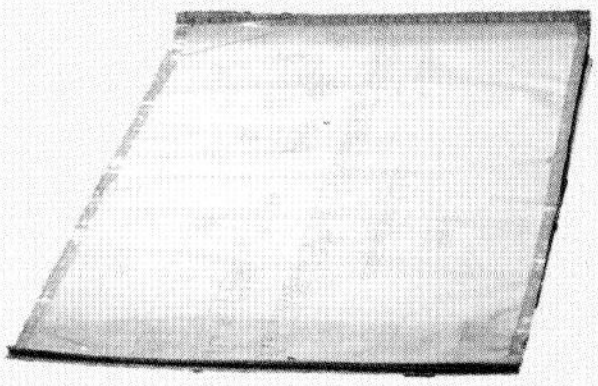

10 牛鈴

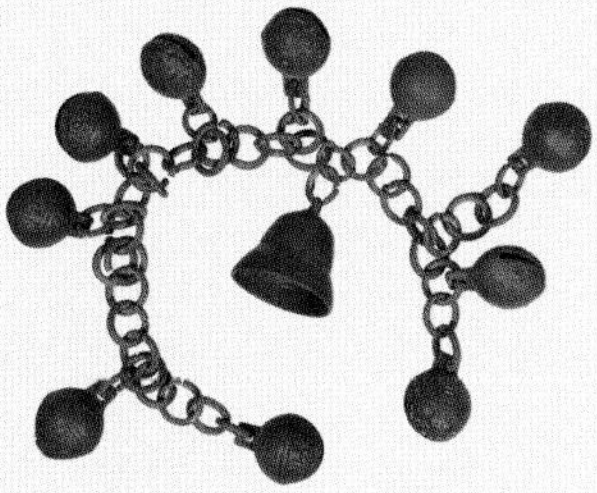

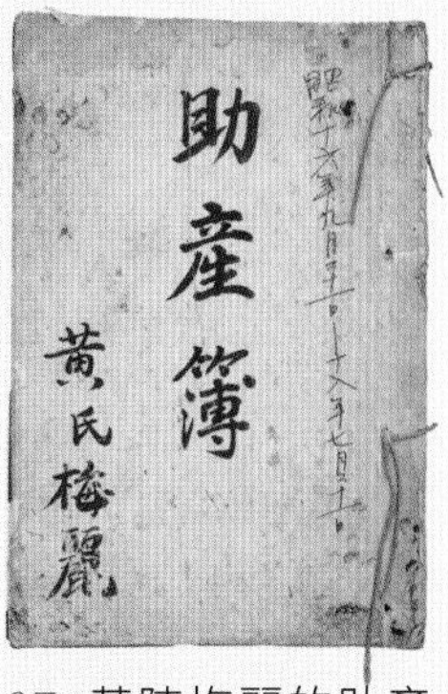

09 寄藥包

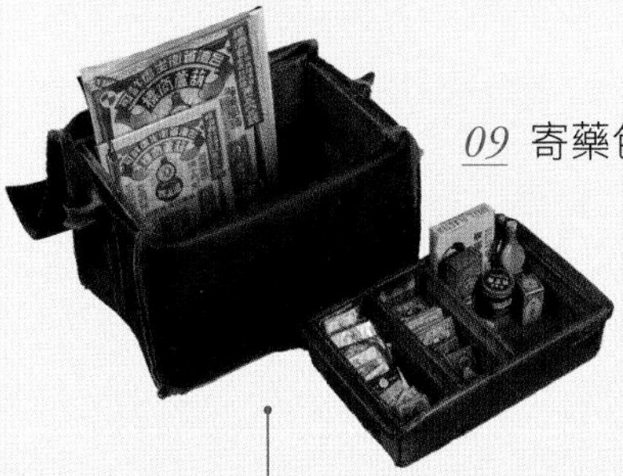

臺灣地區受降典禮，國民政府接收臺灣。

07 黃陳梅麗的助產工作簿

1945-1970 — **1945-1946** — **1945年後** — 1945 — **1943** — 1942 — **1941**

日本攻擊美國夏威夷珍珠港，太平洋戰爭爆發。

爲紀念昭和天皇對歐美國家宣戰，日本內閣決議將每個月八日訂定爲「大詔奉戴日」。

19 皮質行李箱

26 臺北州立臺北第三高等女學校御卒業記念帳

◊ 中國國民黨失去中國大陸政權，但仍保有海南島、金門、馬祖，以及浙江沿海舟山全島、大陳島。
◊ 五月二十日零時起，臺灣省實施戒嚴。
◊ 中華人民共和國成立。

18 手搖警報器

08 玉山衛生紙

二二八事件爆發。

1952　1951　**1950-1970**　**1950-1965**　1949　1947　**1946-1973**　**1946**

◊ 美國開始對臺灣提供軍事與經濟援助。
◊ 美國在太平洋的恩尼威托克島進行首度氫彈試爆。

日本與同盟國成員簽署《舊金山和約》。

韓戰爆發。

22 馬祖戰地洗蝦皮照片

正式廢除臺灣總督府官制。

13 陸季盈一九四六年日記

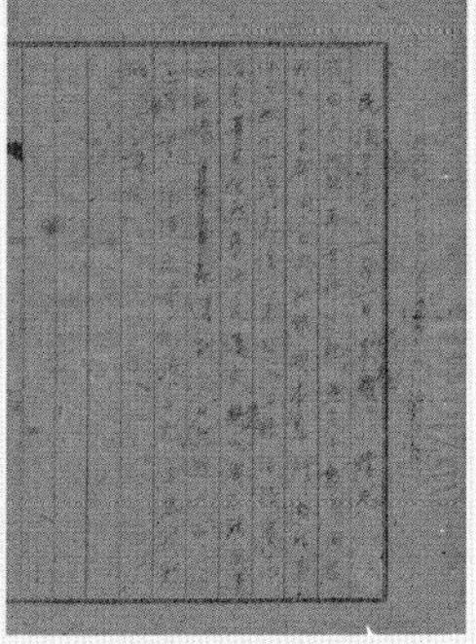

15《王子》半月刊創刊號

高雄加工出口區成立。

23 金門砲宣彈彈殼

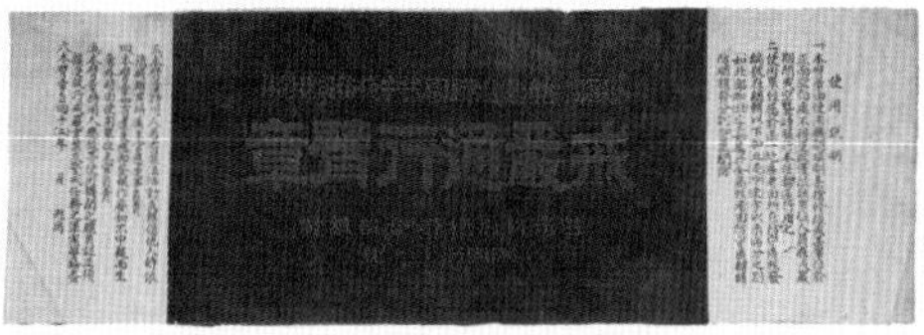

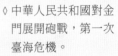

21 戒嚴通行臂章

14 國民學校國語讀本暫用本初級首冊

中華人民共和國對金門發起砲戰，史稱「八二三砲戰」。

1966 | 1960 | 1958-1979 | 1958 | 1955 | 1954 | 1953

11 菊鷹牌腳踏車

- 中華人民共和國對金門展開砲戰，第一次臺海危機。
- 中華民國政府與美國簽訂《中美共同防禦條約》。

大陸島軍民撤退臺灣。

20 大陸地區來臺義胞接待證

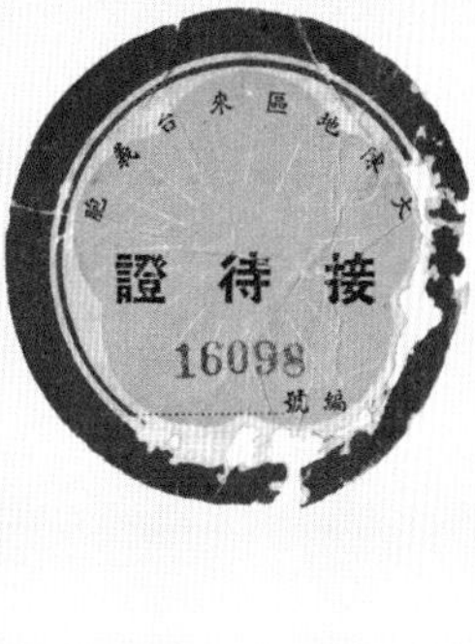

04 木刻更衣印版

《自由時代》雜誌負責人鄭南榕於雜誌社辦公室自焚。

開放兩岸探親，由中華民國紅十字會受理民眾登記。

美麗島事件爆發。

1990 | 1989 | 1988 | 1987 | **1986** | 1979 | 1971 | **1970-1990 年間**

解除報禁。

中華民國退出聯合國。

學生前往中正紀念堂靜坐抗議，正式掀起野百合三月學運的序幕。

29 一九八六黨外選舉後援會工作人員證

2014

爲抗議《海峽兩岸服務貿易協議》未審查卽存查，三月十八日晚間學生占據立法院議場。此場因「反服貿」而起的抗爭活動，占領立法院二十四天，於四月十日撤出立法院，被稱作太陽花學運、三一八公民運動等。

2007

中正紀念堂改名爲「國立臺灣民主紀念館」，並卸下「中正紀念堂」匾額，以及將大門牌樓的「大中至正」改爲「自由廣場」。2008 年中國國民黨再次執政後，又重新復名爲「中正紀念堂」，惟大門牌樓仍維持「自由廣場字樣」。

2000

中華民國第十屆總統選舉，由民主進步黨陳水扁、呂秀蓮當選，爲第一次政黨輪替。

1996

中華民國第九屆總統選舉，爲第一次總統、副總統的公民直選，由中國國民黨提名的李登輝、連戰登選。

1991

總統令公告廢止《動員戡亂時期臨時條款》。

30 太陽堂太陽餅海報

作者簡介

主編 陳怡宏

國立臺灣歷史博物館研究組副研究員。新北三重埔人。國立臺灣大學歷史學系博士，學院歷史學徒出身，做「土匪」研究起家，到博物館工作後，每天接觸奇奇怪怪的文物與其背後的故事，研究關注政權轉換時期與日治時期臺灣史。

作者群（依姓名筆畫順序排列）

石文誠

國立臺灣歷史博物館副研究員。臺中清水人。研究關注早期的臺灣史，以及民間多元的歷史記憶、詮釋及實踐等課題。

余瓊怡

國立臺灣歷史博物館數位創新中心專案助理。具有資訊管理和語言學背景，期待更多跨領域結合的可能。另外，是個喜愛網球運動的人，特別享受自己纏握把布的過程。

呂錦瀚

國立臺灣歷史博物館典藏近用組專案助理。關注數位典藏、藏品近用議題，熱愛攝影、音樂與海豹，希望有一天能成為海豹生態攝影師。

杜偉誌

任職於國立臺灣歷史博物館典藏近用組，喜歡在藏品研究過程中聽到豐富的人生故事，並透過數位典藏技術進行文物活化近用。

林孟欣

博物館研究人員。著迷歷史的科學性，相信讀懂文物留下的線索，才是破解故事謎團，還原記憶的關鍵。

林奕君

曾任國立臺灣歷史博物館研究組專案助理。

徐健國

大葉大學環境工程所博士。林業試驗所木材纖維組助理研究員、國立臺灣藝術大學書畫藝術學系書畫裱褙課程兼任助理教授。專長領域為手工紙科學、傳統書畫裝裱研究，紙質文物保存修復研究。輕薄的是紙張，厚重的是文化與使命。

張育君

國立臺灣歷史博物館專案助理。近期關注地方生活物件中所反映的物件材質及地方知識，期待未來能向更多職人請教。

張育嘉

國立臺灣歷史博物館數位創新中心專案助理。國立臺灣師範大學臺灣史研究所碩士。在某一次的研究所課程中首次踏上金門，開啟了自身對於金門的興趣與研究，希望未來有機會可以鑽遍金門的碉堡和坑道，好好探險一番。

張鈞傑

國立臺灣歷史博物館典藏近用組專案助理。希望每天都是能看到星星的好天氣。

張銘宏

目前是一位博物館的木質器物類藏品修護人員。

莊梓忻

國立臺灣歷史博物館研究組專案助理。喜歡品嚐各地美食，透過食物認識一地發展脈絡於文化特色，研究關注日常生活、討論飲食文化，記憶與認同之關聯。

陳虹年

曾任國立臺灣歷史博物館典藏近用組專案助理。喜歡研讀歷史，尋找與家鄉相關的故事。

陳韋利

國立臺灣歷史博物館典藏近用組專案助理。背景為民族學與博物館學領域，關注典藏管理、數位人文及臺灣歷史文化，熱愛臺灣歌仔戲，目前於臺史博執行國家文化記憶庫計畫2.0及噍吧哖事件虛擬實境展示計畫。

陳靜寬

國立臺灣歷史博物館研究組副研究員。國立中興大學歷史學系博士，關注地方區域歷史發展，藉由博物館的技術協助地方文化的認同，從博物館的藏品看見地方、看見人們、看見生活，了解臺灣文化的珍貴與價值。

曾婉琳

國立臺灣歷史博物館數位創新中心研究助理。關注臺灣戰後有爭議、困難的歷史，策劃過「228・七〇・我們的二二八特展」、「挑戰者們：解嚴30週年特展」、「迫力・破力：臺灣戰後社會運動特展」等特展。目前在臺史博推動當代蒐藏工作。

黃悠詩

國立臺灣歷史博物館漫博組組員。負責國家漫畫博物館籌備相關業務，包含口述訪談、研究資料盤整、資料庫設計、展覽策劃等。希望可以用歷史學改變世界。

黃裕元

國立臺灣歷史博物館研究組副研究員。專長流行歌曲、唱片史研究，強調聲音史料的重要性，及聲音做為新歷史認識方法的社會意義。經營「臺灣音聲100年」專題網站，推動聲音的臺灣史。

黃瀞慧

國立臺灣歷史博物館典藏近用組研究助理、藏品管理員。主要負責藏品管理與維護，近年致力向大眾推廣文物整理維護觀念，把臺灣人的寶貝保存好，就是最大的成就。

葉前錦

國立臺灣歷史博物館典藏近用組副研究員。專長典藏管理、藏品編目研究。認為文物保存是歷史的傳承，每個文物都有它的故事，件件都有其珍貴的理由、美麗的所在、製作的點滴和背後的意義。

劉維瑛

國立臺灣歷史博物館研究組助理研究員。專長臺灣文學、性別研究，關心由臺灣故事帶路的江湖，人們與物件，以及所有涉及的林林總總。

鄭勤思

博物館紙質與東方繪畫類文物修護人員。藝術史、古物維護背景出身，搭建文物研究與科學之間的橋梁，希望在上頭來往的人們能越來越多。

賴玫靜

曾任國立臺灣歷史博物館展示組研究助理職務代理人。喜愛紀實影像的心象風景，關注時代下的影像力量及數位人文，以社會關懷的角度參與策劃過多項影音展示，發掘臺灣文化紋理的可能性，近期研究發表〈探尋社會溝通的取徑：博物館當代展示媒介再敘事〉。

簡郁庭

國立臺灣歷史博物館的Instagram小編，臺灣文學與博物館學背景出身，希望能寫下臺灣這片土地的故事。

顏語彤

國立臺灣歷史博物館典藏近用組臨時人員。喜愛臺灣這片土地的不同文化。

蘇峯楠

漫步照相者，放空愛好家，以及一個只要吃到正統府城碗粿（再配個魚羹），就能深刻感受到滿滿生存意志的臺南人。

看得見的臺灣史・時間篇

30件文物裡的日常與非常

策　　劃　國立臺灣歷史博物館
主　　編　陳怡宏
作　　者　石文誠、余瓊怡、呂錦瀚、杜偉誌、林孟欣、林奕君、徐健國、張育君、張育嘉、張鈞傑、張銘宏、莊梓忻、陳怡宏、陳虹年、陳韋利、陳靜寬、曾婉琳、黃悠詩、黃裕元、黃瀞慧、葉前錦、劉維瑛、鄭勤思、賴玟靜、簡郁庭、顏語彤、蘇峯楠

策劃發行　國立臺灣歷史博物館
發 行 人　張隆志
工作團隊　陳怡宏、李文媛、陳涵郁
行政統籌　陳靜寬、陳怡宏、石文誠
校　　對　陳怡宏、陳涵郁、李文媛、鄭勤思
科學檢測　鄭勤思、徐健國、張銘宏
藏品數位化　杜偉誌、呂錦瀚、耀點設計有限公司

編印發行　聯經出版事業股份有限公司
特約編輯　謝達文
內頁排版　ivy_design
封面設計　ivy_design

副總編輯　陳逸華
總 編 輯　涂豐恩
總 經 理　陳芝宇
社　　長　羅國俊
發 行 人　林載爵

二〇二三年一月初版
共同出版　國立臺灣歷史博物館、聯經出版事業股份有限公司

國立臺灣歷史博物館
地　　址　709025 臺南市安南區長和路一段 250 號
電　　話　06-356-8889
傳　　真　06-356-4981
網　　址　https://www.nmth.gov.tw

聯經出版事業股份有限公司
地　　址　新北市汐止區大同路一段 369 號 1 樓
電　　話　02-8692-5588
傳　　真　02-8692-5863
網　　址　https://www.linkingbooks.com.tw
電子信箱　linking@udngroup.com
行政院新聞局出版事業登記證局版臺業字第 0130 號

Printed in Taiwan
文聯彩色製版印刷有限公司印製
本書如有缺頁、破損、倒裝請寄回臺北聯經書房更換

定價：四九〇元

ISBN 978-986-532-788-0
GPN 1011200056

國家圖書館出版品預行編目資料

看得見的臺灣史・時間篇：30件文物裡的日常與非常/
國立臺灣歷史博物館策劃．陳怡宏主編．石文誠、余瓊怡、呂錦瀚、杜偉誌、
林孟欣、林奕君、徐建國、張育君、張育嘉、張鈞傑、張銘宏、莊梓忻、
陳怡宏、陳虹年、陳韋利、陳靜寬、曾婉琳、黃悠詩、黃裕元、黃瀞慧、
葉前錦、劉維瑛、鄭勤思、賴玟靜、簡郁庭、顏語彤、蘇峯楠著．初版．
台南市：國立臺灣歷史博物館；新北市：聯經．2023年1月．288面．17×23公分
ISBN　978-986-532-788-0（平裝）

1.CST：臺灣史

733.21　　111022181